AF452813

A NOSSEIGNEURS
DE PARLEMENT,

EN LA TOURNELLE CRIMINELLE.

SUPPLIE humblement, JULIE DE VILLENEUVE DE VENCE, épouse de M. DE FAURIS DE SAINT-VINCENT, Président à Mortier au Parlement d'Aix.

DISANT qu'elle demande la nullité des procédures tiranniques & redoublées, que les Gens d'affaires de M. le Maréchal de Richelieu ont ourdies contre elle, & huit personnes domiciliées que l'on suppose ses complices de la fabrication de trente-une pieces arguées de faux.

Si l'ancienne Maison de Villeneuve est honorée

A

BIBLIOTHEQUE I

(22)

des plus hautes alliances , d'autres le font de lui appartenir. Ce feroit une entreprife téméraire, de tenter de la flétrir par l'abus d'un crédit paffager , & la furprife d'une autorité qui viole tout-à-la-fois les Loix de l'état, le droit des gens & la fûreté publique.

Les pourfuites criminelles de M. le Maréchal de Richelieu ne font pas nouvelles en France.

Un fyftême, qui devient familier, & fait friffonner tous les Sujets du Roi, leur annonce, que pour les vaincre fans combats, il ne faut qu'enchaîner ceux que l'on veut accabler, les mettre dans l'impuiffance phyfique de fe défendre, leur enlever par des voies illégales , les preuves littérales de leur innocence ; rendre criminels ceux qui ont le courage de dévoiler la vérité , acheter des témoignages contraires, à tout prix, flatter les uns , intimider les autres.

Cette expofition fidelle n'a rien d'exagéré : elle va fe développer par la conduite qu'a tenue M. le Maréchal de Richelieu, en raviffant la Suppliante à fa famille , la faifant voyager de Province en Province, & la conduifant à Paris comme une victime , pour l'immoler à fes paffions.

C'eft une trahifon cruelle , de l'avoir attirée fous l'appât de l'amitié & des liens du fang , aux bords d'un précipice creufé par les mains mêmes qui devroient l'en retirer, fi quelque défefpoir l'y eût précipitée.

FAITS.

La Suppliante tient le jour du Baron de Villeneuve, & de Dame Magdeleine-Sophie de Si-
miane de Vence.

M. le Préfident de Saint-Vincent l'époufa en
1750. Il exifte de leur mariage deux enfans. Elle
convient que fon caractere vif & enjoué ne s'ac-
cordoit pas avec celui de gravité, de douceur & de
délicateffe, qui mérite à M. de Saint-Vincent l'ef-
time & la vénération publiques.

Ce Magiftrat ayant confié fes chagrins domeftiques, aux parents de la Suppliante, qui en étoient
les Juges naturels, ils crurent néceffaire qu'elle fe
retirât dans un Couvent, & firent choix de celui de
Millau en Rouergue. Elle n'avoit point à réclamer
contre un Arrêt auffi impartial, rendu dans une af-
femblée de famille préfidée par fon pere, elle obéit:
fon mari lui faifoit une penfion de 2000 liv.

Il y avoit trois années qu'elle étoit dans fa retraite, lorfqu'on lui fit les plus vives inftances de demander à M. le Maréchal un emploi pour le frere
d'une Religieufe : n'ayant vu qu'une feule fois M. le
Maréchal chez fon pere, elle fe fentit embarraffée de
cette commiffion ; mais fon penchant à obliger des
Religieufes avec lefquelles elle vivoit, lui fit fur-
monter fa timidité & fa répugnance.

M. le Maréchal confervoit l'image du premier
coup-d'œil qu'il avoit porté fur la Suppliante qui ne

1750.

1757.

A ij

s'en doutoit pas. Elle reçut fa réponfe dans les termes les plus affectueux. La grace fut accordée ; elle en fit fes remercîmens. De ce fatal moment, M. le Maréchal prit l'habitude de lui écrire une fois par femaine ; elle lui répondoit par politeffe avec tous les égards dus à fa dignité, fans foupçonner qu'à fon âge il eût d'autres vues que celles de l'honnêteté.

Deux années s'écoulerent dans une correfpondance affez indifférente. M. le Maréchal fe laffant du ton férieux, écrivit à la Suppliante, * qu'étant *fa chere coufine*, il vouloit un ftyle plus tendre & moins refpectueux ; il lui offrit fa protection, fon crédit & fa fortune. Ses lettres ne parloient plus que des fervices qu'il brûloit de lui rendre, & pour l'en convaincre, il lui adreffa un mandement de 3000 liv. fur le fieur Bergeret, afin de fuppléer à la penfion de fon mari qu'il trouvoit trop modique.

* En 1759.

La Suppliante n'attribua cette générofité qu'à la grandeur d'ame & l'humeur bienfaifante d'un parent, qu'elle regardoit comme fon aïeul ; elle ne douta plus qu'elle alloit vivre avec aifance dans fon Monaftere, & que chaque année elle recevroit de pareilles étrennes : mais ce furent les colonnes d'Hercules.

Les lettres de M. le Maréchal devinrent plus preffantes ; il plaignoit *fa chere coufine* d'être renfermée fous des grilles. La fage précaution de fes parents n'étoit à fon langage romanefque, qu'une barbare captivité dont, nouvel Achille, il alloit la délivrer ; lui affurant d'avance fa liberté, il lui laiffoit le choix de

5

fa réſidence dans les Villes de Tours & de Poitiers,
qui étoient fur fon paſſage quand il va ou revient de
fon Gouvernement, lui proteſtant qu'elle y vivroit
en femme de fa qualité.

La Suppliante n'a point diſſimulé dans fes interrogatoires, que des promeſſes fi flatteuſes *lui tournerent la
tête.* Deux obſtacles fe preſentoient. Depuis l'envoi
des mille écus, en 1759, il s'étoit écoulé bien des
années; la bourſe fi vantée de M. le Maréchal étoit
ſtérile; elle en augura que fes offres de lui prodiguer
fes biens ne feroient réaliſées que lorſqu'elle ne feroit plus à Millau. Elle y avoit contracté des dettes
fur la foi de fes belles promeſſes.

Le fecond, fa famille avoit obtenu un ordre du
Roi, portant défenſes à la Supérieure de la laiſſer fortir de fon Monaſtere, fans le conſentement par écrit
de fon mari. Elle inſtruiſit M. le Maréchal de ces dif-
ficultés; il applanit celle des dettes, non pas en les
payant, mais en écrivant au fieur Defangles, Prévôt-
Général de la Maréchauſſée de Rouergue, qui en exé-
cutant les ordres de fon Supérieur avec autant d'em-
preſſement que de zele, prit des engagemens perfon-
nels avec tous les créanciers. On va croire qu'au moins
M. le Maréchal en a fourni les fonds; point du tout,
fon Commiſſionnaire a été rigoureuſement pourſuivi,
condamné, fes meubles exécutés & vendus, fans
que M. le Maréchal l'ait aidé d'une obole : La Suppliante pénétrée de douleur a fait quelques nouvaux
emprunts pour venir à fon fecours.

La révocation de l'ordre du Roi qui retenoit la Suppliante à Millau, ne coûta à M. le Maréchal que la peine de la demander à un ami. Ils convinrent ensemble *, à l'infçu de fa famille, qu'elle fe rendroit à Poitiers au Couvent de Sainte - Catherine, dont M. le Maréchal avoit fait choix , pour la facilité des entrées ; il chargea le fieur Auvray Sécretaire de l'Intendance , d'y faire rétablir un appartement & de le meubler.

Tout étant difpofé pour y recevoir la Suppliante, elle ne put fe réfoudre à partir fans en avoir demandé la permiffion à fon mari. Cette nouvelle jetta l'alarme dans toute la famille, qui s'en plaignit amérement : le Vicomte de Caftellanne fut prié d'arrêter ce coup d'éclat ; s'étant rencontré avec M. le Maréchal , il y eut entre ces deux Seigneurs une difpute que le Lieutenant-Criminel a rendue en ces termes :

» Lui obfervons que...... loin qu'elle ait fait quelque chofe pour M. de Richelieu, *c'eft lui qui eft venu à fon fecours*, en lui faifant paffer, 1°. une fomme de 3000 liv. en argent. * 2°. En engageant le fieur Defanglés * à lui prêter de quoi payer fes dettes. 3°. En employant tout fon crédit pour faire lever la Lettre de cachet qui la détenoit, *s'expofant même pour elle à des prifes affez vives qu'il a eues avec fes parens, entr'autres avec M. de Caftellane.*

Il eft donc vrai, du propre aveu de M. le Ma-

*En 1770.

*En 1759.
* 1770.

réchal (qui avoit fourni ſes mémoires pour interroger la Suppliante, comme le Lieutenant-Criminel
le déclare) que c'eſt lui qui s'eſt armé contre une
famille entiere, illuſtre & reſpeſtable, pour arracher de ſon ſein, & d'un aſyle ſacré, le dépôt in-
violable que ſa ſageſſe lui avoit confié : *Habemus
confitentem reum.*

Quelque éloquente que ſoit la voix de la nature,
élle ne put l'emporter ſur la volonté impérieuſe de
M. le Maréchal. Son ami qui ſe rendit Juge,
décida en ſa faveur : il en écrivit des lettres
mortifiantes aux parens, dont les cris redouble-
rent. Ayant pour eux la volonté éclairée du Roi,
ſes ordres non-ſurpris fondés ſur les bonnes mœurs,
l'équité, le droit du ſang, il leur fallut plier ſous le
poids du crédit & de l'autorité privée; la ſeule com-
poſition qu'ils purent obtenir fut que la Suppliante
ſeroit transférée à Tarbes, qui n'étoit ni dans le voi-
ſinage ni ſur la route de M. le Maréchal : elle y
arriva à la fin de l'année 1770, après ſeize ans d'une
réſidence tranquille à Millau.

L'époque de cette tranſlation eſt celle qui fut fu-
neſte à la Magiſtrature. M. le Préſident de Saint-
Vincent, exilé au village de Saint-Marcel, lieu mal
ſain & inhabitable, ne ſe plaignoit point de ſon ſort.
M. le Maréchal de Richelieu, ſe perſuadant qu'il
profiteroit de ces triſtes circonſtances pour venir à
bout de ſes deſſeins, feignit de prendre un intérêt
ſenſible à la conſervation d'un parent dont la vie
étoit en danger. Il obtint le changement d'exil

qu'il demandoit ; mais M. le Préſident de Saint-Vincent repouſſa loin de lui ce dangereux préſent , *&
timeo Danaos vel dona ferentes.*

Cette petite induſtrie n'ayant pas réuſſi, M. le
Maréchal ne garda plus de décence ni de meſure,
il commit le rapt le plus formel ; s'il n'étoit que de
ſéduction relativement à la Suppliante, il fut mani-
feſtement de violence à l'égard de ſes parens & de
ſon mari, ſous la puiſſance duquel elle a paſſé en
ſortant de celle de ſon pere.

Il n'y avoit que trois mois qu'elle étoit à Tarbes,
lorſque M. le Maréchal l'en fit ſortir de ſon autorité.
En paſſant à Bordeaux elle fut logée au Gouvernement, elle en partit pour ſe rendre à Poitiers, où la
femme du ſieur Auvray ſon Agent la vint recevoir
à la deſcente de la voiture, & la conduiſit à l'appartement qu'il lui avoit fait préparer quatre mois auparavant.

Dès le lendemain une troupe d'Ouvriers & de
Marchands vinrent lui notifier qu'ils l'attendoient
avec grande impatience, pour leur payer, les uns des
ſalaires, les autres le prix des meubles ſelon les mar-
chés qu'ils avoient faits avec le ſieur Auvray, qui ne
reparut plus.

Dans le trouble de ſon étonnement, elle ne pouvoit que répondre qu'elle ne les connoiſſoit pas ; que
n'ayant point contracté avec eux, n'étant arrivée que
du jour précédent, elle ne pouvoit être leur débitrice ; elle les renvoyoit au ſieur Auvray, qui, étant
l'Agent de M. le Maréchal, avoit ſans doute des ordres

dres de les fatisfaire, comme il en avoit eu de les employer.

Ces gens groffiers en vinrent aux infultes, ils vouloient chaffer la Suppliante de fon appartement, d'autres la menaçoient de la pourfuivre en Juftice ; elle écrivit à M. le Maréchal ces finiftres préludes de fa déférence à fes volontés ; il l'amufa par une réponfe, en lui marquant qu'il feroit inceffamment à Poitiers ; elle s'en fervit pour tranquillifer ceux qui la tourmentoient, en leur faifant efpérer qu'ils feroient bientôt payés.

M. le Maréchal partit au bout d'un mois pour fon Gouvernement. En arrivant à Poitiers il dépêcha un Exprès pour avertir la Suppliante, qu'il feroit chez elle le lendemain à neuf heures du matin ; il y refta jufqu'à l'après-midi, & dans cette premiere vifite il épuifa le langage dont il s'eft fait une étude particuliere : jamais Seigneur ne fut plus grand & plus magnifique en promeffes ; mais de la montagne de fes libéralités, *nafcitur ridiculus mus*, il ne fortit qu'une très-petite tabatiere d'or. Il partit pour Bordeaux fans fonger aux Ouvriers & aux Marchands, qui excéderent la Suppliante de leurs clameurs.

Eloigné de Poitiers, les offres faftueufes lui coûtoient encore moins ; c'étoit un petit oubli qu'il ne fe pardonnoit pas, d'être parti fans pourvoir à fes befoins ; elle n'avoit qu'à mettre la main fur une fomme de 45,000 liv. qu'il avoit dépofée tout exprès à un Procureur de Poitiers, mais dont le nom refta au bout de fa plume. Une autre lettre lui faifoit efpérer

100,000 liv., une troiſieme 200,000 liv., une quatrieme 245,000 liv.; & ces tréſors imaginaires ne fai-
ſant que croître & embellir, il promit tout d'un coup
100,000 écus, tant pour payer les dettes qu'il avoit
occaſionnées, & qui étoient les ſiennes propres, que
pour placer l'excédent, & former à la Suppliante un
revenu honnête.

En revenant de Bordeaux à Poitiers, nouvelles vi-
ſites, même jargon. Arrivé à Paris, il lui perſuadoit
qu'elle n'avoit qu'à s'adreſſer à ſon Banquier, Juif à
Bordeaux; qu'elle ne manqueroit de rien. Elle a écrit
deux fois à ce particulier, & ne lui a demandé que
des ſommes modiques, autant pour ſes preſſans beſoins
que pour vérifier ſi M. le Maréchal étoit ſincere. Le
Juif la refuſée très-nettement.

Cependant les dettes augmentoient, les fourniſſeurs
de bouche refuſoient les proviſions de premiere né-
ceſſité; dans cette horrible ſituation la Suppliante fut
forcée d'en faire confidence au ſieur de Vedel, Major
du Régiment Dauphin, qui étoit en garniſon à Poitiers. Il ouvrit ſa bourſe, & lui conſerva la vie par une
action ſi digne de ſa reconnoiſſance.

Pour le tranquilliſer ſur ce prêt généreux, elle lui
communiqua les lettres de M. le Maréchal, auquel
elle écrivit pour le prier de procurer une retraite ho-
norable au ſieur de Vedel, en l'inſtruiſant qu'elle tenoit ſa ſubſiſtance de cet Officier, & lui avoit les plus
grandes obligations.

Dans les converſations qu'elle a eues à Poitiers
avec le ſieur de Vedel, il a vu arriver par les Fac-

teurs ordinaires les lettres de M. le Maréchal, foit de Bordeaux, foit de Paris, cachetées à fes armes; il en a lui-même ouvert plufieurs, les a lues à la Suppliante, en a porté les réponfes à la boëte; il attefte par la religion du ferment *, *qu'il y étoit queftion de promeffes d'argent toujours réiterées*; que, par d'autres du même caractere, il écrivoit: « *Ma* » *chere Coufine, j'arriverai un tel jour à Poitiers* »; qu'ef-fectivement il y arrivoit; que la Suppliante ayant reçu un billet, par lequel M. le Maréchal lui mar-quoit qu'il iroit la voir à quatre heures du foir, le fieur de Vedel en avoit pris lecture le matin; qu'ayant diné le même jour à l'Evêché avec M. le Maréchal & d'autres Officiers, ils furent tous témoins qu'après le diné M. le Maréchal, accompagné cette fois de M. l'Evêque, rendit fa vifite à la Suppliante.

* Dans les in-terrogatoires.

Le fieur de Vedel ne pouvant plus foutenir une double dépenfe, la Suppliante écrivit à M. le Ma-réchal qu'elle étoit dans la plus affreufe mifere; que fon mari ayant fupprimé fa penfion depuis qu'il l'avoit fait fortir de Tarbes, elle étoit expofée à périr de faim; que fes Créanciers la fatiguoient à l'excès. On ne s'attendroit pas à cette réponfe: « *Défertez furtive-* » *ment Poitiers, & venez à Paris* ». Il fallut fuivre un confeil auffi étrange, fous peine de la vie. La Sup-pliante, arrivée à Paris au commencement de 1773, fe logea à un troifieme étage, au Couvent de la Miféricorde. Elle y refta quinze jours, ne vivant, elle & fa Femme-de-Chambre, que du pain qu'el-les empruntoient.

 Au mois d'Avril 1773, M. le Maréchal la vint voir dans sa triste demeure: elle atteste qu'elle lui fit cette humiliante représentation : *Mon Cousin, je n'ai pas le sol, je suis pauvre comme une misérable ; je ne puis emprunter étant en puissance de mari ; donnez-moi quelque chose pour que je puisse emprunter avec assurance de rendre.* Ce fut alors qu'il lui fit, de sa propre main, sur sa toilette, un mandement des cent mille écus qu'il lui avoit tant promis.

Comme M. le Maréchal excelle dans le malheureux talent d'en imposer aux Dames, qu'il avoit trop de fois manqué à la Suppliante pour qu'elle eût pleine confiance en son Mandement, elle le fit voir à un Conseil, qui lui assura que ce n'étoit qu'un *chiffon*, sur lequel on ne lui prêteroit pas un sol. Il étoit en effet dans le goût de ces promesses équivoques, dont les Tribunaux ont quelquefois puni l'infidélité. « Je prie M. Peschot de donner ou compter à Madame de Saint-Vincent, la somme de » 300,000 liv. *qui lui appartiennent*, dont je le tien-» drai quitte pour toujours. *Signé* le Maréchal Duc » DE RICHELIEU ».

Deux subtilités dans cette rédaction; la premiere, le Banquier ne s'appelloit point *Peschot*, mais Peixotto, M. le Maréchal étoit bien assuré qu'en défigurant son nom, il n'acquitteroit le Mandement ni en tout, ni en partie; la seconde, sans se reconnoître Débiteur de la Suppliante, ni avoir fourni les fonds au Banquier, il présupposoit que Peschot n'étoit que

dépofitaire de .ceux qui appartenoient à la Suppliante.

Au mois de Juillet 1773, la Suppliante reporta Juillet 1773.
ce *chiffon* à M le Maréchal, le déchira devant lui ;
il confentit de lui donner un billet au porteur fur
le même Banquier, mais fous la condition qu'elle
n'en parleroit à qui que ce foit, la menaçant de la
perdre fi elle ofoit le livrer au commerce ; & pour
être plus certain que cette largeffe apparente n'écla-
teroit pas, il lui fit promettre qu'elle iroit demeurer
à Bordeaux, lieu du domicile de Peixotto, qu'il favoit bien qui n'avanceroit pas la plus petite fomme
fans nouvel ordre de fa part, & que les autres Banquiers de cette Ville ne s'expoferoient pas à traiter
d'un effet auffi confidérable fans fon agrément.

La Suppliante ne demandoit pas mieux que d'a-
bandonner Paris, où elle périffoit de langueur ; elle
s'adreffa au Vicomte de Caftellanne, qui s'étoit, au
nom de la famille, vigoureufement oppofé à ce
qu'elle fortît du Couvent de Millau ; elle le pria
d'écrire à fon mari pour lui demander en quelle Province il defiroit qu'elle fe retirât.

Le 26 Juillet 1773, le Vicomte de Caftellanne 26 Juillet 1773.
lui écrivit du Preffoir près Fontainebleau : « J'ai
» reçu, ma chere Coufine, une lettre de votre mari,
» qui me paroit fort fatisfait de votre difpofition,
» dont je lui avois rendu compte d'après notre con-
» verfation, quand j'ai eu l'honneur de vous voir : la
» feule Provence exceptée, il vous laiffe le choix fur
» toutes celles du Royaume, ainfi que de la Ville, de

» la Maifon Religieufe où vous jugerez à propos
» d'établir votre domicile ; il me charge , quand
» vous aurez pris fur cela votre derniere réfolution
» *& fixé le jour de votre départ*, de vous faire comp-
» ter *trois cent livres* pour les frais de voyage ; mais il
» entend que cette fomme en fus de votre penfion,
» foit confacrée à cet objet ; & pour me conformer à
» fon intention, je nevous la ferai remettre que quand
» vous m'aurez mandé le jour de votre départ ».
Pendant que le Vicomte de Caftellanne écrivoit
cette lettre , il en reçut une de la Suppliante, qui
le prioit de lui prêter de l'argent pour acquitter fes
dettes ; il continua fa réponfe, en lui marquant «. Je
» compte trouver dans la bourfe de l'un de mes amis
» *les cent écus* qu'il me charge de vous faire remettre ;
» mais il m'eft impoffible de rien avancer au-delà de
» cette fomme : nous vivons d'emprunt, &c ».

La Suppliante envoya l'original de cette lettre à
M. le Maréchal, dans une autre fans date qu'elle lui
écrivit, où l'on diftingue deux objets, l'un qui contient fes remerciemens du billet au porteur de cent
mille écus, dont il lui étoit interdit de faire ufage ;
l'autre pour le conjurer de lui donner les efpeces
néceffaires à l'acquit de fes dettes : « *Bien obligée ,*
» mon cher Coufin, je fuis malade, & puis à peine
» *vous rendre mes actions de grace* ». Elle ne pouvoit
être *obligée* & rendre *fes actions de grace* que d'un
bienfait déja reçu, c'eft-à-dire, du billet au porteur
fur Peixotto, qui lui faifoit efpérer un avenir plus
heureux, mais ne la délivroit pas de fes dettes, à l'égard

defquelles elle s'exprime ainfi : « *Vous me feriez le* » *plus grand plaifir du monde de me tirer de l'état où* » *je fuis* ».

Sa lettre continue, « pour être parfaitement hon- » nête (envers M. de Saint-Vincent) je m'y fuis » adreffée; prenez la peine de lire la lettre du Vi- » comte de Caftellanne, & la permiffion ample que » me donne mon mari d'aller par-tout où je vou- » drai, après lui avoir nommé Bordeaux : c'eft le » même Chevalier de Caftellanne qui vous a tant » dit du mal de moi, & qui en eft bien revenu ; *mais* » *il n'a pas d'argent* (pour payer les dettes) ; *je lui* » *mande que j'ai pris la liberté de m'adreffer à vous,* » *mon cher Coufin* *, à qui je n'aurai plus rien à de- » mander que des lettres de recommandation pour » Bordeaux ».

* Par cette mê-me lettre.

Il eft clair que le Vicomte de Caftellanne lui mar-quant qu'il n'avoit point d'argent pour l'acquit des dettes, c'eft à cet objet que fe rapporte la feconde période de la lettre de la Suppliante : *vous me ferez le plus grand plaifir du monde de me tirer de l'état où je fuis* ; & cette fin : *je lui mande que je me fuis adref-fée à vous, mon cher coufin, à qui je n'aurai plus rien à demander que des lettres de recommandation pour Bor-deaux.*

Les Gens d'affaires de M. le Maréchal, en pro-duifant ces deux lettres, en tirent les plus fauffes inductions ; ils fuppofent que la Suppliante n'étoit obligée à M. le Maréchal que parce qu'il lui avoit prêté les cent écus que lui devoit compter le Vicomte

de Castellanne lorsque le jour de son départ seroit
fixé ; que c'est de cette somme dont elle lui rendoit
les actions de graces ; mais M. le Maréchal désa-
vouera certainement cette allégation imaginaire de
son Procureur, puisqu'il est contre toute vérité qu'il
ait remis cent écus à la Suppliante : ce n'étoit pas de
cette somme dont elle avoit besoin, elle lui étoit
assurée pour son voyage par le Vicomte de Castellanne ; qui ne manquoit d'argent que pour payer les
dettes ; & c'est par la même lettre de la Suppliante
qu'elle s'adressoit à M. le Maréchal pour le prier de
la tirer de l'état où elle étoit alors.

Le Procureur observe sur la lettre du Vicomte de
Castellanne, contenant promesse de trois cent livres,
que le mot *cent* est surchargé de celui de *mille* ; il
en augure que c'est un faux que la Suppliante a
voulu encore commettre. L'objection est mal-adroi-
te, & retombe à plomb sur ceux qui ont la témérité
de la faire.

1°. La piece est produite par M. le Maréchal lui-
même, & on peut d'autant moins douter que le faux
a été commis dans son Hôtel, qu'on a joint une autre lettre de la Suppliante que l'on réfere au tems
des fêtes du mariage de M. le Comte d'Artois, en
Novembre 1773, où elle marquoit à M. le Maréchal : *J'espere que je serai bientôt à même de satisfaire à
tout ce que je vous dois;* ce qui signifie, selon l'Auteur
de la Requête, qu'elle devoit rembourser les 300 l.
que M. le Maréchal avoit prêtées, faute par le Vicomte

comte de Castellanne d'avoir de l'argent. On s'efforce de tirer la preuve du prétendu prêt de M. le Maréchal, de la lettre même du. 26 Juillet, où les *trois cent livres* font transformées en *trois mille livres*; l'auteur de cette manœuvre n'ayant pas apperçu qu'à la fin le Vicomte de Castellanne ne parle que *de cent écus*.

Il feroit abfurde de fuppofer que le changement du mot *cent* en celui de *mille*, fût du fait de la Suppliante, elle n'y avoit nul intérêt; elle favoit bien que le Vicomte de Castellanne ne lui promettoit que les cent écus; l'original de fa lettre qu'elle envoyoit à M. le Maréchal, & qu'il a gardé, en contenoit deux fois l'expreffion; elle s'expliquoit trop difertetement fur l'emploi, pour qu'elle pût la détourner à un autre fens; elle ne demandoit pas à M. le Maréchal les frais de fon voyage à Bordeaux, qui lui étoient affurés, mais de la tirer de l'état de débitrice où elle étoit à Paris.

2°. Sa dénégation d'un prêt de 300 liv. eft d'autant moins fufpecte qu'elle a, de fon propre mouvement, déclaré qu'en 1759 M. le Maréchal lui avoit envoyé à Millau 3000 liv. unique fomme qu'elle ait jamais reçue de lui, & qui pourroit bien avoir été dans l'intention du Fabricateur, lorfque du mot *cent* il a fait celui de *mille*.

3°. Une derniere conviction que M. le Maréchal n'a prêté au mois de Juillet 1773 aucun argent, c'eft que la Suppliante n'eft point partie pour Bordeaux, dans l'impuiffance d'acquitter fes dettes à Paris. La

lettre dont on fixe l'époque au mois de Novembre
de cette année, conftate qu'elle en réitéroit fes demandes au Vicomte de Caftellanne, afin qu'il y dé-
terminât fon mari : « Je vous envoie la lettre que
» j'écris à mon coufin, qui vous mettra au fait de
» mes affaires, & vous prouvera où j'en fuis ; j'ef-
» pere que je ferai bientôt à même de fatisfaire à
» tout ce que je vous dois » : elle ne lui devoit que
les 3000 liv. de Millau.

Avec le billet au porteur de cent mille écus, la
Suppliante étoit comme Tentale au milieu d'un grand
fleuve, fans avoir la liberté de fe défaltérer. Le fieur
de Vedel, à qui elle devoit beaucoup, étoit venu
à Paris, à deffein de pourfuivre un emploi militaire.

Au commencement de Novembre, la Suppliante
avoit en vue de faire changer le billet de cent mille
écus, qu'elle avoit reçu en Juillet, en plufieurs autres de différentes fommes ; mais elle craignoit d'en
faire la propofition à M. le Maréchal, qui étoit bien
perfuadé qu'un effet de cette importance ne fe commerce pas aifément. Elle s'en remit à fa volonté ; elle
fit confulter Me Gariffon de la Tour fur la forme.
Il donna les modeles de fix billets, l'un de la même
valeur de 300,000 liv. & cinq autres de 60,000 liv.
chacun. La Suppliante les envoya à M. le Maréchal,
en lui laiffant le choix de figner le premier de la fomme entiere, ou les cinq autres. Elle lui annonça qu'elle
avoit déchiré celui de Juillet. Le fieur de Vedel préfent lut la lettre, y vit renfermer les fix modeles de

billets écrits de la main de Me de la Tour : le paquet fut cacheté fous fes yeux ; il le porta lui-même, & le remit au Suiffe de M. le Maréchal, la veille d'un Dimanche ou d'une Fête du mois de Novembre.

Le lendemain la Suppliante entra dans la chambre de l'Abbé Froment, fituée fur le même efcalier que l'appartement qu'elle occupoit. Elle l'entretenoit de l'envoi qu'elle avoit fait le jour précédent, lorfqu'un laquais de M. le Maréchal, portant fa livrée, paffa devant la porte de l'Abbé Froment, & fut fonner à celle de la Suppliante. Elle n'eut que l'inftant d'ouvrir le paquet dont il étoit porteur ; elle rentra chez l'Abbé Froment, qui vit *le paquet fraîchement décacheté* (ce font fes expreffions). Il remarqua les armes de M. le Maréchal fur l'enveloppe, la livrée du laquais, & vit trois billets fignés de M. le Maréchal, & approuvés de ces mots, *bon pour ;* l'un étoit de 100,000 liv. les deux autres de 60,000 liv. chacun. La lettre de la même écriture portoit : « *Je vous en-* » *voie, ma chere coufine, votre billet tout figné* (c'é- » toit celui de cent mille écus), *& deux : vous paie-* » *rez vos dettes avec l'un, vous donnerez l'autre à votre* » *tiers pour le payer de ce que vous lui devez ; mais n'en* » *vendez point, n'en parlez à perfonne : j'aime toujours* » *bien ma chere coufine* ».

Le Lieutenant - Criminel, trop dévoué à M. le Maréchal, a oppofé à la Suppliante, qu'il ne fuffifoit pas que l'Abbé Froment eût apperçu le laquais, reconnu la livrée, & le cachet de M. le Maréchal, pris lecture des trois billets & de la lettre ; il falloit, à l'en croire, qu'il eût auffi vu décacheter le paquet, la Suppliante ayant pu en fubftituer un autre tout préparé.

Mais ce tour de foupleffe & de fraude, qu'on ne doit pas préfumer dans une femme de la premiere qualité, eft démontré phyfiquement impoffible & chimérique, par les billets mêmes, écrits de la main de Me Gariffon de la Tour, qui la veille furent remis à l'hôtel de M. le Maréchal, fans être fignés ni approuvés, & fe trouverent le lendemain revêtus de ces deux formes effentielles. Le fieur de Vedel, qui les avoit portés en fimples modeles, les reconnut pour être les mêmes.

Malgré la partialité du Lieutenant-Criminel, il n'a pu fe difpenfer de rendre hommage à la franchife de cet Officier, en voulant lui perfuader que la Suppliante lui avoit fait illufion. Mais s'il eft convaincu de la probité univerfellement connue du fieur de Vedel, il doit l'être de fa fincérité, quand il attefte fur la foi du ferment qu'il a vu renfermer les billets, non fignés ni approuvés, dans le paquet qu'il a remis au Suiffe de M. le Maréchal; que le lendemain la Suppliante les lui a montrés, fignés avec les *bon pour*; & que l'Abbé Froment jure avoir vu le laquais de M. le Maréchal les rapporter fous l'enveloppe & le cachet de M. le Maréchal. Il eft donc manifefte que s'il y a de la fauffeté, elle part infailliblement de l'hôtel de Richelieu. Cette démonftration eft invincible.

Il revient de toutes parts à la Suppliante, que

M. le Maréchal, pour s'éviter la peine des fignatures, fe fert de Griffes & de Secrétaires dont l'écriture eft femblable à la fienne, & fignent pour lui plufieurs expéditions du menu détail de fon Gouvernement. S'il emploie le même fecret pour feindre certains engagemens qu'il fe propofe de défavouer, ce feroit avoir trompé la Suppliante par l'artifice le plus odieux. Elle auroit quelque lieu de le craindre, par des circonftances qui frappent les efprits réfléchiffans, & révoltent les ames honnêtes. Il n'eft pas tems d'en faire le détail.

Au mois de Mars 1774, la Suppliante envoya par fa femme-de-chambre le billet de cent mille écus, avec d'autres modeles, pour en partager la fomme en dix coupons. Elle garda les deux de 60,000 liv. Le furlendemain elle fut voir M. le Maréchal, qui lui remit les dix billets fignés & approuvés, en lui difant : *Prenez garde, vous êtes une mauvaife tête, n'allez pas faire la folle en les vendant ou les donnant ; fi vous les vendez, je vous perdrai.*

La néceffité, plus forte que la crainte, ne permit pas à la Suppliante d'attendre plus long-tems des fecours. Elle remit l'un des billets de 60,000 livres à l'Abbé Froment, Aumônier du Couvent de la Miféricorde, le pria de le propofer à quelques-uns de fes amis, qui pourroient avec prudence prendre les précautions convenables d'en vérifier la fignature.

L'Abbé Froment s'adreffa à Me Guefpreau, Notaire, qui en parla au fieur Depreville fon beaupere. Ils furent l'un & l'autre chez Me Dumoulin,

Notaire de M. le Maréchal ; lui préſenterent le billet, & le prierent de leur dire s'il en reconnoiſſoit la ſignature.

Me Dumoulin certifia que c'étoit véritablement celle de M. le Maréchal ; *qu'il en répondoit comme de la ſienne propre ; voilà* (dit-il) *la barre qu'il met au-deſſous de ſa ſignature.* Et pour mieux les convaincre, il retira de ſes cartons pluſieurs minutes, dont il fit lui-même & leur fit faire la comparaiſon. Il les fortifia dans cette perſuaſion, en leur apprenant qu'à l'échéance du billet M. le Maréchal devoit recevoir le rembourſement de pareille ſomme de 60,000 liv. Le ſieur Depreville n'héſita plus à conſommer le traité ; il donna 6000 liv. en argent, le reſte en reſcriptions.

Au mois de Mai, la Suppliante confia un ſecond billet de 25,000 liv. au ſieur Benavent, qui chargea le ſieur Rolland de le négocier. Ce dernier convint de prix avec le ſieur Ruby, Marchand Frippier. Tous les trois ſe rendirent auſſi chez Me Dumoulin Notaire, qui reconnut la ſignature. Ruby convaincu que c'étoit celle de M. le Maréchal, ſe chargea du billet, & s'accommoda de deux autres qui montoient à 55,000 liv. donna quelqu'argent & des marchandiſes, dont la vente a été faite par des Huiſſiers-Priſeurs.

Le 16 Juin 1774 M. le Maréchal partit pour Bordeaux ; & le ſieur de Vedel, qui n'avoit plus d'eſpoir d'obtenir la récompenſe de ſes ſervices, ſe diſpoſant à rejoindre ſon Régiment, la Suppliante

eut à cœur de finir de compte avec lui , & de fe délivrer de toutes les dettes dont elle étoit journelle-
ment fatiguée. Une troifieme négociation éclata par
l'imprudence de ceux qui l'entamerent , & la multitude d'ufuriers qui s'en font mélés , à l'infçu de la
Suppliante.

La veuve Leroi adreffa le nommé Dufour à l'Abbé
de Villeneuve , auquel la Suppliante avoit remis
deux billets , l'un de 20 , l'autre de 30,000 livres. L'Abbé de Villeneuve les confia à Dufour ,
« en lui recommandant le fecret , dans la crainte que
» M. le Maréchal ne fît des reproches à la Suppliante
» d'avoir manqué à la condition qu'il lui avoit im-
» pofée , de ne point faire ufage de ces billets avant
» un an ».

Ce Particulier fit tout le contraire ; il en parla
au fieur d'Aigremont , celui-ci au fieur Robert ,
Coutellier fous la voûte du Palais Royal , lequel
en avertit le fieur Sube , Contrôleur de la maifon
de M. le Maréchal , & le fieur Vezon , Banquier , qui fe donnerent rendez-vous à la boutique
de Robert , au jour & heure que Dufour y devoit
apporter les billets. Les originaux en furent repré-
fentés au fieur Sube , qui convint que c'étoit la véritable fignature de M. le Maréchal , & la confronta
avec d'autres qu'il tira de fa poche ; il en avertit le
fieur Marion , qui réunit à fa qualité de Greffier au
Châtelet celle incompatible d'Intendant de M. le
Maréchal , auquel il écrivit.

Le 16 Juillet 1774 le fieur Marion apporta à la

Suppliante une lettre de M. le Maréchal, par laquelle il lui marquoit fon mécontentement de ce que fes billets couroient dans le commerce, qu'elle avoit intérêt de découvrir cette *maquignonerie.* La Suppliante, qui ne favoit réellement pas que l'Abbé de Villeneuve en eût livré deux à Dufour, qui les avoit rendus publics, fit réponfe à M. le Maréchal qu'elle en étoit auffi étonnée que lui ; elle n'y parla point de ceux qu'elle avoit cédés aux Srs Preville & Ruby, qui lui avoient promis de n'en faire ufage qu'à l'expiration du terme que M. le Maréchal avoit fixé. Elle envoya cette réponfe à Marion, fans être cachetée, plutôt pour arrêter les bruits qui déplaifoient à M. le Maréchal, qui ne vouloit pas que les gens de fa maifon en fuffent informés, que pour lui fervir de preuve de l'inexiftence de billets, qu'il favoit mieux que perfonne avoir fignés.

Marion ayant fonné le tocfin dans tout Paris, & publié que les billets qui paroiffoient fous le nom de M. le Maréchal étoient faux, la Suppliante, offenfée d'un inculpation auffi atroce, fe crut dégagée de la loi du filence que M. le Maréchal lui avoit prefcrit ; elle fe plaignit à lui-même, par une feconde lettre du 23 Juillet, des bruits injurieux que fes gens répandoient ; elle l'interpelloit de lui rendre juftice fur la vérité des billets, en lui proteftant que s'il ofoit les attaquer, *elle défendroit fon honneur, celui de fa famille, & qu'elle périroit plutôt.* A la repréfentation de cette lettre lors de fes interrogatoires, elle l'a reconnue, en s'exprimant ainfi : *Affirme, attefte, teste, & jure qu'elle a reçu les billets en question de la part de M: le Maréchal, & plusieurs de la main à la main ; qu'elle n'est pas capable de contrefaire une signature, ni de vendre des billets faux ; qu'elle n'a écrit à Marion la premiere, que pour cacher l'indigne négociation qu'on avoit faite sans sa participation.* Ce langage est trop naïf pour être suspect.

PREMIERES *procédures notoirement incompétentes & vexatoires.*

Le 22 Juillet 1774 M. le Maréchal signa une procuration reçue par deux Notaires de Bordeaux, portant pouvoir à Marion de rendre plainte contre les auteurs, fauteurs, complices & adhérens de la fabrication des billets au Porteur, par lui prétendus signés, à quelques sommes qu'ils pussent monter.

La plainte, pour être réguliere, devoit être rendue & suivie au Châtelet, conformément aux Ordonnances de 1670 & 1737. On ne pouvoit décerner de décret de prise-de-corps contre des domiciliés, que sur les preuves d'une information, ni les emprisonner avant d'être décrétés ; mais M. le Maréchal avoit écrit dès le 12 Juillet au sieur Lieutenant de Police, dont Me Chenon prétend avoir reçu le 24 Juillet des ordres particuliers avec celui du Roi.

La maxime est vulgaire en droit, qu'un Juge délégué n'en peut pas déléguer un autre. Cependant le Commissaire Chenon délégua son fils, qui, le 25

22 Juillet 1774.

12 Juillet 1774.

25 Juillet 1774.

D

Juillet se transporta , comme *substituant son pere* , avec le sieur Henry , Inspecteur de Police , en la Maison du sieur Benavent ; *pour y faire perquisition dans ses papiers* ; on le força d'ouvrir son secrétaire ; les papiers en furent retirés & renfermés dans une cassette , & une serviette , sur lesquelles Chenon fils apposa les scellés.

L'inquisition fut portée plus loin : le jeune Chenon déclare par son procès verbal, « qu'ayant trouvé » une autre cassette *étiquetée : cassette & papiers qui* » *appartiennent à M. le Duc & à Madame la Duchesse* » *de Mellefort, y avons cependant mis les scellés, &* » *l'avons remise au sieur Henry.*

Le même jour de relevée , Chenon pere ayant fait amener chez lui Benavent , leva les scellés , fit des liasses des papiers qui lui paroissoient, dit-il, suspects, le conduisit à la Bastille , où il prit son interrogatoire.

Le même jour sur les huit heures du matin, Chenon pere s'étoit transporté avec le sieur Buhot , Inspecteur de Police, & vingt hommes armés, au Couvent de la Miséricorde , *à l'effet d'y faire perquisition dans l'appartement de la Dame de Saint-Vincent , saisir ses papiers & les renfermer sous les scellés.* On lui enleva jusqu'à ceux de ses poches ; ils furent scellés, & la Suppliante subit un premier interrogatoire dans son appartement; elle en fut arrachée pour être conduite à la Bastille , où le Commissaire Chenon leva les scellés, & le 28 Juillet il l'interrogea une seconde fois.

Le même jour 25 , Me Chenon & son Inspecteur entrerent chez l'Abbé Froment, Aumônier du Couvent de la Miséricorde, s'emparerent de tous ses papiers , les emporterent & en firent l'inventaire dans la maison du Commissaire. N'en ayant trouvé aucun de suspect, il les rendit après un ample interrogatoire , lors duquel l'Abbé Froment demanda son renvoi à l'Officialité.

Le sieur de Vedel étonné de ces actes de violence, fut rendre compte au sieur Lieutenant de Police de tout ce qui étoit de sa connoissance. Le Magistrat lui recommanda d'en aller faire sa déclaration au Commissaire Chenon , qui en dressa procès-verbal les 25 & 26 Juillet.

Plusieurs de ceux qui avoient eu quelque part à la négociation des billets se présenterent au Lieutenant de Police, qui les renvoya tous au Commissaire Chenon. Il reçut les 26 & 29 Juillet les déclarations de la veuve Leroi , de Joseph Orion, de Claude Blondeau , Etienne Vezon , Antoine Robert.

Enfin les sieurs Jean Guillaume & Pierre Liverloz , Ecrivains, se transporterent chez le Commissaire Chenon , qui dressa procès-verbal de leur comparution , & déclara qu'*en exécution des ordres à lui adressés* , sans expliquer par qui , il leur avoit remis sept pieces ; la premiere , un billet au porteur du 15 Décembre 1773 , de la somme de 20,000 liv. payable en 18 mois , signé de M. le Maréchal ; la

25, 26, 28, 29
& 30 Juillet.

D ij

seconde, une lettre sans adresse du 20 Avril 1774, signée de M. le Maréchal, dans laquelle il s'agissoit d'obtenir une grace de la Cour pour le sieur de Vedel; la troisieme, lettre datée de Bordeaux du 12 Juillet 1774, qui est celle écrite par M. le Maréchal au Lieutenant de Police; la quatrieme, trois ordres de paiemens signés par lui; la cinquieme, un mandat de 1000 liv. pour l'Abbé Blet; les sixieme & septieme, deux Lettres écrites à Marion, signées de M. le Maréchal, des 9 Mai & 25 Juin 1774; desquelles pieces les deux prétendus Experts se chargerent, & le lendemain matin, 30 Juillet, ils les rapporterent. La Suppliante ignore la suite de cette opération ténébreuse; elle présume que Guillaume, qui a présidé à toutes celles du Châtelet, a tranquillisé M. le Maréchal sur ses très-humbles soumissions à le servir. Tout le monde connoît le Code où les Experts-Ecrivains puisent à présent les regles de leur art, & sur-tout le fameux Guillaume, qui avoit jugé quelques années auparavant dans une procédure de même fabrique, qu'un Magistrat célebre & vertueux devoit être faussaire, parce que dans ses écrits se trouvoient quelques m, & des points sur les i qui ressembloient à ceux des pieces arguées de faux.

SECONDE Procédure vexatoire.

La premiere n'étoit pas encore achevée, que le 27 Juillet 1774, Marion, Greffier au Châtelet, fondé de la procuration spéciale de M. le Maréchal du 22, rendit une plainte vague de la fabrication des billets, fans les arguer *de faux* ni dénommer les accufés, qu'il ne pouvoit pas ignorer, puifqu'il les avoit lui-même fait renfermer à la Baftille, pillé leurs papiers, cherché de toutes parts des témoins, follicité les uns, promis de l'argent aux autres : fa plainte, telle qu'elle eft, n'accufe que M. le Maréchal, puifqu'il eft le véritable fabricateur des billets.

L'information commencée le 8 Août en vertu de l'Ordonnance du fieur Bachois du 5, continua les 9, 10, 12, 13. Elle fut compofée de 27 témoins, la plûpart déjà entendus extrajudiciairement; & l'on aura peine à croire que c'eft encore le Commiffaire Chenon qui fut l'artifan de cette répétition, contre les textes formels de l'Ordonnance.

L'Abbé Froment, dernier témoin, avoit rendu un compte exact des fréquentes vifites de M. le Maréchal au Couvent de la Miféricorde, des lettres qui en annonçoient le jour & le moment, de plufieurs qui promettoient de l'argent, de celles qui parloient des mandats & billets dont il avoit pris lecture, des laquais à la livrée de M. le Maréchal qui les avoient apportés en fa préfence ; toutes circonftances qui s'accordoient parfaitement avec les

déclarations faites de l'ordre du Lieutenant de Po-
par le fieur de Vedel, la dépofition de M. de
Gariffon de la Tour devant le Lieutenant-Criminel
de Montauban, & les interrogatoires de la Suppliante, de l'Abbé de Villeneuve, de Benavent,
Ruby & la veuve le Roi.

Le Commiffaire livroit toutes fes minutes à M. le
Maréchal, à Marion & à Clermont, fes Intendans.
Effrayés de l'enfemble des preuves qui conft itoient
la certitude des billets, & la vérité des fignatures
reconnues par M. Dumoulin, Notaire de M. le Maréchal, par Marion lui-même fon Intendant, par le
fieur Sube, Contrôleur de fa maifon, par Domaing,
fon ancien Secrétaire, dont Me Guefpreau, Notaire, de Preville fon beau-pere, Guinot, Avocat,
avoient reconnu la parfaite reffemblance avec d'autres repréfentées par Me Dumoulin, les fieurs Sube
& Marion, imaginerent d'accufer les témoins qui en
dépofoient.

14 Août.

Le 14 Août, lendemain de la clôture de l'information, M. le Maréchal préfenta Requête, dans
laquelle il prétendit que celle indéterminée du 27
Juillet étoit en *faux principal*. Il requit l'appofition
de fcellés fur les papiers & effets de tous ceux qu'*il
plairoit* au Lieutenant-Criminel de décréter.

C'eft alors que le Procureur du Roi & le Lieutenant-Criminel du Châtelet ont donné à M. le Maréchal les preuves les moins réfervées de leur dé-
vouement : le premier a requis que les pieces jointes
à l'information fuffent dépofées au Greffe, *enfemble*

une expédition du procès-verbal des scellés apposés par l'ordre de Sa Majesté (c'est plutôt de M. le Maréchal *sur les papiers de la Dame de Saint-Vincent & de Bénavent, pour y servir à l'instruction du procès ; & cependant la Dame de Saint-Vincent, ledit Bénavent, l'Abbé de Villeneuve de Vence, le sieur de Vedel de Montel, la veuve Leroy, les nommés Ruby & Dubois pris au corps, & l'Abbé Froment,* 27ᵉ *témoin, assigné pour être ouï.*

Le Lieutenant-Criminel, en décrétant les huit personnes dénommées, ordonna la jonction des pieces, permit à M. le Maréchal de faire une seconde fois apposer par le Commissaire Chenon, les scellés sur les papiers & effets qui se trouveroient appartenir à la Dame de Saint-Vincent, à Bénavent, à l'Abbé de Villeneuve, aux Sieurs de Montel, Ruby, Dubois & veuve Leroy ; *le tout aux risques, périls & fortune* de M. le Maréchal.

Le Procureur du Roi, qui avoit oublié cet Article dans ses Conclusions, en donna postérieurement des secondes ; il y requit l'apposition des scellés qui étoit déja ordonnée, *sur les papiers & effets de la Dame de Saint-Vincent, de Bénavent, & autres décrétés ;* enforte que l'apposition des scellés a été ordonnée avant qu'elle eût été requise par le Ministere Public. Le Lieutenant-Criminel, qui en a senti le danger, s'est imaginé qu'il éviteroit la peine prononcée contre lui par l'Art. 34 du Tit. 15 de l'Ordonnance de 1670, en déclarant qu'il ne commettoit sciemment cette nullité, *qu'aux risques, périls & fortune* de M. le Maréchal.

On avoit eu l'attention de faire fortir la Suppliante de la Baftille cinq jours après qu'elle y avoit été conduite. Elle fut réintégrée dans fon appartement de la Miféricorde, mais gardée à vue, & tenue en chartre privée pendant quinze jours, par des mercenaires de la Police, jufqu'à ce que l'information fût faite, & le décret décerné; ce qui eft l'abus le plus pernicieux du crédit & de l'autorité.

16 Août 1774.   Le 16 Août, l'éternel Commiffaire Chenon fe tranfporta à huit heures du foir à l'appartement de la Suppliante, accompagné d'un Huiffier du Cabinet Criminel, & de vingt Satellites. Les deux plus infolens infulterent la Suppliante fans être reprimandés ni punis par ce Commiffaire, qui lui-même leur donnoit l'exemple, en traitant la Suppliante & fa Femme-de-Chambre avec une rudeffe qui tenoit de la férocité. Il appofa fes fcellés jufques fur les armoires de leurs linges, pour leur ôter la liberté d'en changer.

Ces envoyés de M. le Maréchal trouverent la Suppliante à fouper avec le fieur de Vedel. Le Commiffaire leur apprit qu'ils étoient tous les deux décrétés de prife de corps; ils furent fouillés, & les papiers qu'ils avoient dans leurs poches, ceux des armoires, commodes & fecretaires, pillés *& remis à la garde de Lazare Dijon, déja établi de l'ordre du Roi à la garde de la Dame de Saint-Vincent*, porté le Procès-verbal.

Dans le même inftant parut l'Abbé de Villeneuve, qui arrivoit de Compiegne : autre capture ; fes poches renverfées, renverſées, ſes papiers ſaiſis , ſcellés. Lui & le ſieur de Vedel furent transférés au milieu d'une troupe de Fuſiliers à leurs appartemens, pour y voir appoſer d'autres ſcellés.

A minuit, deſcente chez la veuve Leroy, pareils ſcellés. Cette cérémonie finit par l'empriſonnement des quatre , ſans qu'on ait ſignifié à aucun d'eux le décret.

Le lendemain 17, à ſept heures du matin, tranſport du Commiſſaire Chenon & de ſes Soldats chez le ſieur Ruby. Tous ſes papiers & regiſtres de commerce , billets, lettres de change , argent, effets mis ſous les ſcellés. Il conjura, pour ne pas le ruiner de fond en comble, de lui accorder un référé chez le Lieutenant-Criminel: prieres inutiles ; il fut traîné en priſon. Son Procureur ayant demandé qu'au moins on laiſſât à ſon Commis la liberté du commerce , le Lieutenant-Criminel réſerva à faire droit ſur un provifoire auſſi inſtant après l'interrogatoire,

M. le Maréchal , informé que l'Abbé de Villeneuve avoit occupé un appartement ſur le Quai de l'Ecole avant d'aller demeurer à l'Hôtel des Aſturies, & qu'il y avoit laiſſé une armoire & une commode, préſenta Requête pour qu'on y fût auſſi appoſer les ſcellés. L'Abbé de Villeneuve y fut conduit du Châtelet par le Commiſſaire Chenon & ſes Aides-de-Camp, à onze heures du ſoir ; toute la maiſon fut en alarme, on mit des ſcellés.

Les 17 & 18 Août la Suppliante ſubit un troi-

17 Août

17, 18 Août
1774.

E

fieme interrogatoire , qui eſt le premier du Lieutenant-Criminel. Il fit dès-lors ſes preuves d'une
partialité qui n'eut jamais d'exemple.

Pour trouver la valeur du premier billet, il interrogea la Suppliante , ſi c'étoit elle ou ſon pere qui
l'avoit fournie en argent dans la Ville d'Aix , ou
lors du voyage de Mahon. La Suppliante ayant
dénié que ce fût la cauſe de l'engagement de M. le
Maréchal, elle s'attendoit que le Lieutenant-Criminel iroit la chercher ſoit *à Genes* , ſoit à Hanovre ;
mais paſſant des queſtions inſidieuſes aux inſultes ,
il s'eſt efforcé de prouver par des lettres qui ne doivent pas faire partie du Procès , & par des raiſon-
nemens de ſa façon, que les cent mille écus étoient
deſtinés à un enfant, dont M. le Maréchal ſe croyoit
le pere , & qui tenoit ſa naiſſance d'un autre. La Suppliante , indignée de cette imputation atroce , a pro-
teſté d'en demander une réparation éclatante. Elle
va conclure à ce qu'il lui ſoit permis de prendre le
ſieur Bachois à partie : il en a plus fait les fonctions
que celles de Juge,

Le ſieur de Vedel, la veuve Leroy, Bénavent,
Ruby & l'Abbé de Villeneuve furent alternative-
ment interrogés. Le Lieutenant-Criminel leur ten-
doit mille piéges, pour les ſurprendre en contradiction ſur des dates indifférentes , ſur les mandats &
billets de cent mille écus, qui ayant été déchirés , ne
peuvent former le corps du prétendu délit ſur lequel il s'agit de prononcer, & ſur des expreſſions
de lettres qui n'y ont pas le moindre rapport.

En interrogeant l'Abbé de Villeneuve il vouloit le forcer à repréfenter des lettres qu'il affirmoit n'avoir plus en fa poffeffion ; il eut l'indécence de lui faire cette menace : *Ah! M. le drôle, je vous les ferai bien trouver*, & fur le champ le fit defcendre au cachot : il y feroit encore, fi le Vicomte de Caftellanne, dépofitaire des lettres, ne les eût remifes au Procureur de la Suppliante, qui, ayant des liaifons avec M. le Maréchal, fa Famille & leurs Gens d'affaires, paroît avoir eu trop de confiance en eux. La Suppliante apprend qu'il avoit été s'excufer tant à M. le Duc de Fronfac, qu'à fon beau-pere, & à M. le Maréchal, de ce qu'il s'étoit chargé d'occuper pour elle, les priant de ne point lui ôter leur confiance. Il en reçut pour réponfe qu'il n'avoit qu'à continuer, qu'ils aimoient mieux que l'affaire fût entre fes mains qu'en celles d'un autre. On affure qu'il a été à Fontainebleau pour montrer les lettres ; & la dépofition du fieur de Mazieres, Fermier Général, juftifie qu'il lui fut envoyé par M. le Maréchal pour en prendre lecture.

Dans la communication qu'il en faifoit aux Gens d'affaires de M. le Maréchal, il leur étoit facile d'y gliffer des copies ou des doubles de celles qui les inquiétoient, afin d'embarraffer la Suppliante par des interrogatoires préparés. On verra que ce foupçon n'eft que trop fondé.

Le 20 Août, M. le Maréchal a préfenté une troifieme Requête par laquelle il s'élance fur quiconque lui réfifte, & contre tous ceux qui font perfuadés de la fincérité des billets : les expreffions font véhé-

mentes : « Il n'eſt point de mauvais propos qu'eux
» (les accuſés) & *des Conſeils indécens* auxquels ils
» ſe ſont adreſſés , n'aient tenus pour inſinuer que le
» Suppliant avoit effectivement ſigné les faux billets ;
» *ils ont porté la fourberie & la ſcélérateſſe* juſqu'à
» avancer dans le Public & aux Miniſtres de la Juſ-
» tice, qu'ils avoient une multitude de lettres les plus
» préciſes du Suppliant , *qui conſtatent que les billets*
» *ſont réellement de lui* , & en expliquent les cauſes.
» D'après la ſuppoſition de ces lettres , eux & *leurs*
» *Conſeils* ſe ſont livrés à la diffamation la plus étrange
» contre le Suppliant, *dont le nom , l'état & les dignités*
» *auroient dû impoſer du reſpect, & demandent une puni-*
» *tion exemplaire* ».

Ainſi ce n'eſt pas ſeulement la Suppliante & les témoins qui avoient dépoſé en ſa faveur, que M. le Maréchal veut écraſer du poids de *ſon nom & de ſes digni-*
tés ; mais encore les Conſeils, qui par devoir & par
pitié prennent leur défenſe , doivent être traités en
ſcélérats , & condamnés à une *punition exemplaire.*

Cette Requête contient onze chefs de concluſions.

1°. Une plainte en faux principal contre l'Abbé de
Trans, autre que l'Abbé de Villeneuve , par la même raiſon qu'il eſt couſin de la Suppliante, qu'il a vu
les billets, & s'eſt perſuadé qu'ils étoient véritables.

2°. Plainte de la prétendue diffamation, tant contre la Suppliante que ſes complices, fauteurs & par-
ticipes ; au rang deſquels le corps de la Requête place *leurs Conſeils.*

3°. Permiſſion d'informer tant par titres que par

témoins & comparaifon d'écritures, encore que les pieces arguées de faux ne foient pas dépofées.

4°. Que les lettres attribuées à M. le Maréchal, relatives *ou non relatives aux billets*, feront apportées au Greffe.

5°. Que tous dépofitaires des billets, lettres & écrits, feront tenus de les apporter au Greffe ; à quoi ils feront contraints par emprifonnement & faifie de leurs meubles.

6°. Permiffion de faifir & revendiquer toutes pieces, billets, lettres, même celles qui feroient de M. le Maréchal ; qu'à cet effet le Commiffaire Chenon fe tranfportera dans tous les lieux qui lui feront indiqués, pour y faire toutes inquifitions, ouvertures de portes & armoires.

7°. Que les fieurs Ruby & de Preville, qui avoient fait affigner M. le Maréchal en reconnoiffance de fes billets, & Me Jacquotot, Greffier Civil, qui en étoit dépofitaire, feront contraints par corps à les porter au Greffe Criminel, finon permis de les enlever de force.

8°. Permis de faire informer par addition.

9°. Que les fcellés feront appofés fur les effets & papiers de l'Abbé de Trans.

10°. Aâe de ce que M. le Maréchal joint à fa Requête les affignations des fieurs Ruby & de Preville ; défenfes de procéder ailleurs que devant le Lieutenant-Criminel.

11°. Aâe de ce que M. le Maréchal approuve la premiere plainte fignée par Marion.

Les conclusions & l'Ordonnance ne furent que la copie de cette Requête. Le réglement à l'extraordinaire fut prononcé le 23 Août ; Ruby mis en liberté, Paillasson & Potier nommés Experts, & pour l'une des pieces de comparaison, M. le Maréchal fit à son gré un corps d'écriture qui paroît être l'unique piece que les Experts ont pris pour régle : on en rendra un compte plus circonstancié dans les moyens.

Les 2 & 3 Septembre le Procureur de la Suppliante déposa au Greffe 37 lettres. Le procès-verbal en a duré trois jours : ce n'est qu'après ce dépôt consommé que l'Abbé de Villeneuve est sorti du cachot.

Si M. le Maréchal n'avoit pas eu la raison du plus fort, de quel droit pouvoit-il exiger l'enlevement furtif & violent des lettres non relatives aux billets, la représentation & le dépôt de celles destinées à établir les faits justificatifs de la Suppliante ? Elle étoit libre par les Ordonnances, les Coutumes, la Loi naturelle & l'usage de tous les Tribunaux de l'univers, d'en faire usage ou non, de les produire ou de les supprimer. On a compris qu'il étoit essentiel à M. le Maréchal de prévenir, par des coups militaires, les défenses légitimes qu'on pouvoit lui opposer. Il falloit les arracher des mains de la Suppliante, jetter dans les fers tous ceux qui pouvoient la secourir, & pour comble de vexations, étouffer la voix de ses Défenseurs, en s'efforçant de leur en imposer par un ton menaçant.

M. le Maréchal s'est d'abord inscrit en faux contre dix-huit lettres, ensuite contre une dix-neuvieme en

déclarant qu'il ne vouloit pas s'expliquer sur les autres : il falloit conféquemment les rendre, ainfi que
toutes celles refpectivement écrites entre la Suppliante, M. le Maréchal, le fieur de Vedel & autres, qui
font au nombre de plus de 400, inutiles à l'inftruction
du faux, mais néceffaires à la Suppliante ; on a tout
retenu.

Les lettres que l'on avoit contraint le Procureur
de la Suppliante de produire, ne pouvoient être
attaquées que dans les regles établies par l'Ordonnance, pour la pourfuite du faux incident : on
les a toutes foulées aux pieds.

Le 10 Septembre, le Lieutenant-Criminel fit
une addition d'information, compofée de 36 témoins. Mais quels témoins ! Plus de moitié font les
domeftiques de M. le Maréchal. 1°. Domaing, fon
Secrétaire, retenu de l'autorité privée de M. le Maréchal au Fort-l'Evêque, à qui Clermont fon Secrétaire fut promettre la liberté & de l'argent, s'il
vouloit dépofer contre la Suppliante. 2°. Porticy
fon premier Laquais. 3°. Vital, fon Suiffe. 4°. & 5°.
Otinny & Kika, fes Coureurs. 6°. Saint-Jean,
Valet-de-Pied, qui avoit porté les billets du mois
de Novembre 1773. 7°. Gailland fon Tailleur.
8°. 9°. & 10°. Falanpin, Rochefeux & Rouffeau,
trois Valets-de-Chambre. 11°. Clermon fon Secrétaire, féducteur des témoins. 12°. Defroches, fon
Commiffionnaire de vin. 13°. Dumoulin, fon Notaire, qui avoue avoir reconnu fa fignature, &,
pour le fervir, feint des doutes fur fa fincérité qu'il

avoit attestée à plusieurs témoins. 14°. Mazieres, Fermier-Général, qui avoit été envoyé par M. le Maréchal, pour examiner les lettres que lui a communiquées le Procureur de la Suppliante. 15°. Peixotto son Banquier, qui n'ayant rien déposé contre la Suppliante, a été assigné une seconde fois pour ajouter ce qu'on lui a suggéré. 16°. Garnier, Perruquier de M. le Maréchal ; enfin les Marchands dont il se sert ; des Officiers qui lui sont attachés. Les autres témoins ne parlent, comme le plus grand nombre des premiers, que de la négociation des billets que la Suppliante confesse, mais qui n'en prouve pas le faux.

Me Garisson de la Tour a déposé devant le Lieutenant-Criminel de Montauban, qu'au mois de Novembre il fut consulté au sujet d'un billet de 300,000 livres que la Suppliante avoit sur M. le Maréchal ; qu'à l'inspection, il ne le trouva pas parfaitement en regle, il y manquoit *la valeur reçue comptant ;* qu'il écrivit les modeles de six billets à différentes échéances ; que quelques jours après le Sr de Vedel lui dit que M. le Maréchal avoit signé pour 420,000 livres de ces billets ; qu'ils furent ensuite divisés en plusieurs autres, *& que la signature lui a paru la même.*

Les Gens d'affaires de M. le Maréchal avoient engagé le fils d'un Bourgeois de Millau, qui se qualifie de Baron de Roquetaillade, à déposer dans une information faite à Millau, qu'ayant comparé des lettres que M. le Maréchal avoit écrites à la Dame

de

de Combettes fa tante , avec celles écrites à la Suppliante , il avoit reconnu que celles-ci étoient fauffes, & n'avoient aucune reffemblance pour l'écriture & fignature ; qu'étant à Paris en Septembre & Octobre 1773 , il alloit fouvent voir la Suppliante , qui étoit dans un fi grande détreffe , qu'elle lui propofa des moyens pour avoir de l'argent, qui lui firent horreur; qu'elle avoit des lettres de change fous des noms inconnus; que pour les négocier, elle vouloit l'engager d'altérer la vérité des fignatures ; qu'il difcontinua de la voir; que quelques jours après elle vint accompagnée du fieur du Montel pour lui demander à dîner aux Céleftins où il étoit logé ; qu'elle lui avoit plufieurs fois confié que M. le Maréchal étoit très-difficile pour lui donner de l'argent , mais très-facile à lui donner fa fignature.

. A la confrontation, le fieur de Vedel l'a reproché, comme étant connu pour menteur & mauvais fujet : la preuve en a été prompte. Il a rétracté fa dépofition, en s'excufant qu'elle avoit été mal rédigée.

Le 17 Septembre le Lieutenant-Criminel , préparé fur 800 pieces qui avoient été enlevées aux différens accufés, manda la Suppliante pour l'interroger. Le Guichetier lui dit *qu'elle fe trouvoit hors d'état de comparoître , étant dans fon lit malade, ayant la fievre & mal de tête.* Le fieur Bachois ne voulant pas perdre ce qu'il avoit dans la fienne , fe tranfporta au lit de la Suppliante avec un Ecrivain , qu'il qualifia , fans le nommer, de Commis-Greffier , fans lui faire prêter ferment.

17 Septembre.

F

A la premiere vacation, il lui repréfenta les 12 billets & les 19 lettres : c'étoit tout le procès, il ne falloit pas aller plus loin ; mais il repréfenta le furplus des 37 lettres, *fur lefquelles M. le Maréchal de Richelieu ne s'eft pas expliqué*, fomma la Suppliante de les reconnoitre, *& de s'expliquer elle-même*.

Cet interrogatoire ne fut interrompu que par la défaillance de la Suppliante, dont le fieur Bachois adoucit la cruauté en ces termes : *Attendu l'état de maladie où fe trouve la Dame de Saint-Vincent, & qu'elle ne peut fupporter une plus longue vacation*, avons remis au premier jour.

Il retourna le 24 Septembre avec *Claude de Belle*, qu'il fuppofa Commis-Greffier, & qui ne l'eft point, & dont il ne daigna pas prendre le ferment. Il trouva *la Dame de Saint-Vincent dans fon lit malade, paroif-fant avoir une continuation de fievre, & fe plaignant de différentes douleurs.* Il lui repréfenta d'un feul coup vingt-une liaffes de papiers qui avoient été enlevés chez la veuve Leroy, au nombre de près de 700 qui n'étoient que des lettes miffives. La Suppliante repréfenta que ces pieces n'ayant aucune relation aux billets, elle n'avoit rien à y répondre.

Le Lieutenant-Criminel s'acharna à vouloir lui faire dire pourquoi elle avoit écrit telle chofe en tel tems, des plaifanteries en d'autres, la menaçant de lui faire fon procès comme à une muette, fi elle n'entroit pas dans ces détails puérils.

Succéderent huit liaffes de 57 pieces trouvées chez elle, des lettres qui lui étoient écrites par M.

le Maréchal. Elle déclara ne pouvoir les expliquer *étant malade ; croyant mourir bientôt elle demande à se confesser, elle jure & protefte que le Maréchal de Richelieu lui a envoyé les lettres & les billets qu'il argue aujourd'hui de faux.*

Plufieurs autres liaffes furent repréfentées de foixante-cinq pieces enlevées chez Benavent, & de vingt-trois trouvées chez le fieur de Vedel, parmi lefquelles étoit une note & des lettres, qui ont fervi de prétexte au Lieutenant-Criminel pour faire les queftions les plus indifcretes, & accufer indignement la Suppliante d'avoir eu un enfant qu'elle vouloit attribuer à M. le Maréchal ; que fon Procureur en avoit montré les lettres à différentes perfonnes à Fontainebleau, & au fieur Mazieres à Paris. La Suppliante a foutenu qu'elle n'avoit point donné ordre à fon Procureur de communiquer aucune lettre ; elle a dénié formellement des faits qui, n'ayant nul rapport avec les billets, n'ont eu pour motifs que d'aggraver les humiliations par lefquelles on cherchoit à la faire périr ; elle a protefté d'en demander vengeance quand elle auroit des Juges équitables.

Le Lieutenant-Criminel ne s'eft point ralenti, il a réitéré jufqu'à cent fois des fommations d'avouer la naiffance d'un enfant, fans quoi il lui feroit fon procès comme à une muette, & fes interpellations *feroient tenues pour avérées.* Excédée d'un interrogatoire auffi impitoyable, la Suppliante eft tombée en foibleffe : le fieur Bachois s'en explique ainfi au dernier article : *A dit qu'elle eft malade, & fe trouve mal ;*

& attendu qu'il est neuf heures (du soir), *qu'elle se trouve mal*, avons continué à Lundi prochain.

Le 24 la persécution a continué «. Le Guiche- » tier ayant fait rapport *que la Dame de Saint-Vin- » cent est encore retenue au lit par l'incommodité de la » fievre dont elle est attaquée depuis plusieurs jours »*, le sieur Bachois ajoute, pour se disculper, « qu'elle » desiroit que le présent interrogatoire fût conti- » nué ». Le précédent sert de preuve du contraire.

Dans cette vacation, le sieur Bachois a rebattu la naissance d'un enfant ; & comme l'indécence *crescit eundo*, au lieu d'un il en a supposé deux : ce n'étoit pas l'objet de la plainte. Le sieur Mazieres étoit le seul de tous les témoins qui eût déposé que le Procureur de la Suppliante lui avoit communiqué des lettres où elle convient *qu'elle s'amusoit par des contes extra- vagans*. Cet interrogatoire a continué les 27, 28 & 30 Septembre, pendant six heures tous les jours ; il a fini par les protestations de la Suppliante, *contre la vexation odieuse & inouie de M. le Maréchal, & no- tamment contre la multitude de questions injurieuses qui lui ont été faites, quoiqu'elles n'eussent aucun rapport aux billets & lettres qu'il a la mauvaise foi d'arguer de faux, après les avoir envoyés ou remis lui-même à la Suppliante.*

, & 20 Octob. Les premier & 20 Octobre, les sieurs de Vedel & Canron ont subi de seconds interrogatoires ; les Accusés étoient Appellans en la Cour de toute la procédure, & demandoient leur liberté provisoire. Quelque feu qu'eût mis le Lieutenant-Criminel à la forger, il ne trouvoit contre la Suppliante que la preuve du commerce des billets ; mais il avoit en même tems fortifié celle contre M. le Maréchal, qu'ils étoient signés de sa main, & qu'ils avoient été rapportés de son Hôtel par un Laquais à sa livrée, nommé Saint-Jean, qui est encore à son service ; que le paquet qui les renfermoit étoit cacheté à ses armes ; Me Dumoulin son Notaire, Marion son Intendant, Domaing son ancien Secrétaire, & le sieur Sube son Contrôleur, en avoient reconnu la signature véritable, en présence d'une multitude de témoins ; il a obligé son Notaire de varier & tergiverser, & ne pouvant entamer la probité du Contrôleur, il l'a fait décréter comme s'il étoit complice du prétendu faux, parce qu'il n'est pas assez docile à ses commandemens ; & en le chassant de sa maison, M. le Duc de Fronsac l'a reçu dans la sienne.

M. le Maréchal, en accusant cinq personnes d'être les auteurs du prétendu faux, d'abord Benavent & le sieur de Vedel, ensuite Domaing & Canron ses anciens Secrétaires, enfin, le sieur Sube son Contrôleur, reconnoissoit que la fabrication des billets n'étoit pas l'ouvrage de la Suppliante. Le corps de délit (si c'en est un) n'étant pas prouvé, la liberté provisoire de tous les Accusés ne pouvoit éprouver la plus légere contradiction ; il ne suffit pas qu'il y ait un délit, il faut connoître le Délinquant.

Les Gens d'affaires de M. le Maréchal en étoient si persuadés, qu'ils ont tout-à-coup changé de système, & répandu dans le Public que la Suppliante

elle-même étoit perſonnellement coupable de la fabrication du faux des douze billets & dix-neuf lettres : il n'eſt point de menées & d'intrigues qu'ils
n'aient pratiquées à Paris, Poitiers & Millau, pour
tâcher de réaliſer cette derniere chimere.

Leur premier ſoin fut de traverſer & de ſuſpendre
le Jugement de la demande en liberté proviſoire.
Ils avoient gardé leurs Experts Ecrivains pour un
changement de décoration.

Le rapport de Guillaume & Liverloz à la Baſtille,
ayant été tenu ſecret, on ignore s'il a été joint au
procès pour ſervir à l'inſtruction, ou s'il en a été re-
jetté comme le ſemblable du même Expert le fut
à Rennes. On le préſume, puiſque Guillaume a choiſi
parmi tous les Experts Ecrivains, deux de ſes anciens Ecoliers, *Paillaſſon* & *Potier*, de la docilité
deſquels il étoit aſſuré ; c'eſt lui-même qui a dreſſé
leurs dépoſitions au Châtelet, où il ſe rendoit tous
les jours avec les ſieurs Marion, Intendant de M. le
Maréchal, ſon Procureur, & d'autres aſſiſtans. On les
a vus en troupe dans le Greffe, examiner les pieces,
les confronter, prendre des notes : le réſultat de ce
travail a été rédigé par Guillaume, & remis à ſes
deux Eleves, en y changeant quelques mots. On
voit très-clairement que c'eſt une copie exacte du
même projet, la même diſtribution & l'enſemble de
toutes les obſervations. Les premieres roulent ſur la
maniere de tenir la plume, du côté du pouce ou à
face, ſur la forme des lettres alphabétiques, les unes
plus rondes, plus longues, plus pleines ou plus mai-

gres ; il a porté la fagacité jufqu'à examiner les points fur les *i* en forme d'accens aigus ou circonflexes, ceux des pieces arguées de faux defcendant de la droite à la gauche, au lieu que ceux du corps d'écriture que M. le Maréchal s'eft étudié à figurer, vont de la gauche à la droite ; comme s'il étoit bien étonnant qu'il fe fût appliqué à différencier fa façon ordinaire d'écrire. La Suppliante avoit requis que puifqu'on vouloit le rendre Partie, Témoin & Juge en fa propre Caufe, on lui fît faire au moins plufieurs corps d'écriture, en différentes pofitions, attitudes & fituations. Le Lieutenant-Criminel, perfuadé que cette épreuve feroit dangereufe, a conftamment refufé de l'ordonner, & les Experts fe donnant la liberté de faire auffi les Juges, ont décidé du haut de leur Tribunal, qu'elle étoit inutile ; & quand ils ont apperçu des reffemblances parfaites, ils les ont éludées, en difant *qu'on ne les trouve que deux ou trois fois, par hazard, & qu'on ne doit pas moins croire que leur auteur n'a point abfolument figné les billets.* Défaite miférable, qui, réunie aux abfurdités frappantes du contexte entier de leurs dépofitions, manifefte que leur fuffrage acheté, ne mérite que le mépris.

Ce n'étoit pas aux lettres plus longues ou plus courtes, & aux points fur les *i*, que les Gens-d'affaires de M. le Maréchal en vouloient venir. Toutes les rêveries de Guillaume, fuffent-elles des preuves d'un faux matériel, il leur reftoit à prouver quel en étoit l'auteur : le Lieutenant-Criminel l'avoit cherché vainement dans l'audition de 60 témoins , & plus de 2000 rôles d'interrogatoires.

Guillaume a prétendu avoir trouvé la route par laquelle on pouvoit fuivre à la pifte le Fabricateur ; il a dicté à fes deux fubalternes que les écritures & fignatures de M. le Maréchal, tant aux douze billets qu'aux dix-neuf lettres , ont été exécutées par une plume tenue fur le côté du pouce ; que huit des billets ont été calqués & contre-tirés fur une feule & véritable fignature ; que pour s'en convaincre il ne falloit que pofer à la vitre l'une des fignatures fur l'autre ; qu'elles font conformes , & fe couvrent, ont la même hauteur , longueur & largeur ; qu'elles ont été faites avec lenteur & crainte, par un modele deffus un verre pour le mieux voir & en fuivre les traits ; ce qui ne produit pas le vif, le naturel & l'efprit d'un original.

Que les fignatures & conftatés des derniers quatre billets ont été calqués fur une autre fignature plus fine , & que les lettres l'ont été *par un homme qui a cherché à imiter une autre écriture , qui s'y eft habitué à force de la contre-tirer ;* que la lettre, n°. 6 , a été contre-tirée fur la huitieme piece de comparaifon, où l'on voit les mêmes mots , les mémes lignes, la même ortographe , même efpece de date ; qu'on a inféré dans celle arguée les mots *mandat* & de *tiers* , & quelques lignes qui ne font pas dans celle de comparaifon.

Ainfi le travail de Guillaume, répété par Paillaffon

&

& Potier, se réduit à ces trois circonstances, 1°. que les signatures des douze billets ont été tracées par le secours d'une vitre sur deux diverses signatures ; 2°. que les *bons pour*, & le surplus de l'écriture de M. le Maréchal, que Guillaume appelle *les constatés,* & presque toutes les lettres missives ont été imitées *par un homme* qui s'étoit accoutumé à contrefaire l'écriture de M. le Maréchal ; 3°. que l'une de ces lettres arguée de faux, est littéralement la même que la huitieme adoptée par M. le Maréchal pour piece de comparaison, & que l'on suppose faire partie des trente - sept, déposées par le Procureur de la Suppliante.

S'il étoit vrai que les signatures des douze billets fussent contre-tirées sur deux véritables, l'auteur en seroit encore incertain. La Supliante a soutenu que ce prétendu faux ne pourroit sortir que de l'Hôtel de M. le Maréchal ; & la démonstration en seroit sans replique, par les deux billets de chacun 60,000 l. dont le corps est écrit de la main de M.ᵉ Garisson de la Tour, qui furent portés sous enveloppe par le sieur de Vedel, & remis au Suisse de M. le Maréchal. Le lendemain ils ont été renvoyés à la Suppliante par le laquais Saint-Jean avec celui de cent mille écus, cachetés aux Armes de M. le Maréchal. Ils ont été vus & vérifiés, signés & approuvés par huit témoins, le sieur de Vedel, l'Abbé Froment, M.ᵉ Garisson de la Tour, les sieurs Domaing, Marion, Sube, M.ᶜˢ Dumoulin & Guespreau. Les affirmations multipliées de la Suppliante dans ses inter-

G

rogatoires, font un neuvieme témoignage qu'on ne peut détruire que par des preuves contraires, pofitives & non fufpeftes.

Le Lieutenant-Criminel & les Gens-d'affaires de de M. le Maréchal ont été pénétrés de cette objection, que le faux, s'il eft réel, a été commis dans l'Hôtel de M. le Maréchal. Ils en ont foupçonné trois de fes Commenfaux, Domaing, Canrón & Sube. On s'eft fatigué à les interroger, les retourner, les furprendre par des fubtilités, & à les corrompre, l'un par la promeffe de fa liberté & de l'argent, l'autre par un decret & un congé injurieux. Or, fi le faux a été l'ouvrage d'un fabricateur, qui a été *l'homme* de M. le Maréchal, qui felon Guillaume eft parvenu, à force d'imiter fon écriture, à contrefaire parfaitement fa fignature? Celle des douze billets ne peut être attribuée à la Suppliante, & il faut préfuppofer que le Suiffe, auquel a été remis le paquet renfermant les fix billets écrits de la main de Me Gariffon de la Tour, étoit d'intelligence avec le fabricateur des fauffes fignatures; qu'il a deviné que le paquet les contenoit, & qu'au lieu de le remettre à M. le Maréchal, il l'a livré à celui qu'il connoiffoit pour le fauffaire; fans quoi les deux billets de 60,000 liv. datés du 13 Novembre 1772, ne peuvent être attaqués; & s'ils font vrais, les dix autres doivent infailliblement l'être, puifque Guillaume, Paillaffon & Potier atteftent que c'eft la même main qui en a formé les fignatures.

Leur feconde affertion, que les *bon pour, les confta-*

tés des billets , & l'écriture des dix-neuf lettres font auffi de la main de *l homme accoutumé* à imiter M. le Maréchal, reçoit les mêmes réponfes.

La troifieme , qui concerne les deux lettres parfaitement femblables , à l'exception des mots *mandat* & *tiers* , & de deux ou trois lignes qui fe rencontrent dans l'une , & ne font pas dans l'autre, loin d'altérer les inductions précédentes, ferviroit à les confirmer. M. le Maréchal adopte l'une de ces deux lettres ; il reconnoit que c'eft fon écriture & fignature , & prétend qu'elle eft du nombre des trentefept que le Procureur de la Suppliante a dépofées au Greffe.

Le Lieutenant-Criminel a préfenté à la Suppliante la liaffe entiere des trente-fept lettres , en lui difant que ce font celles que fon Procureur a dépofées ; il l'a fommée de les reconnoître. La Suppliante, au premier coup d'œil, fans lire les lettres, a déclaré qu'elles lui avoient été écrites par M. le Maréchal.

Le fieur Bachois, partant de cette reconnoiffance générale, a queftionné la Suppliante fur l'identité des deux qui font les mêmes pour le difcours , les mots qui commencent & finiffent les lignes. Elle convient que cette conformité lui a paru extraordinaire, & que ne fachant à quoi l'attribuer, elle a répondu que M. le Maréchal pouvoit avoir recopié une premiere lettre, par l'oubli d'y avoir parlé du mandat ; mais inftruite que lors du dépôt extorqué par menaces, & en mettant l'Abbé de Villeneuve au cachot, fon

Procureur, fans fa participation, a rapporté les lettres; qu'elles ont paffé entre les mains des Intendans,
Secrétaires, Procureur & autres gens de M. le Maréchal, qui les ont examinées les unes après les autres; elle préfume qu'ils ont fubtilement lardé celle
des lettres qu'ils ont choifie pour piece de comparaifon, qu'ils foutiennent être la véritable écriture de
M. le Maréchal. Elle en conclut que fi elle a été cal-
quée, c'eft leur ouvrage, & que celle qu'ils arguent
de faux eft la véritable, fur laquelle ils ont calqué
celle de comparaifon.

Le procès-verbal de dépôt, qui ne devoit faire mention que du nombre & du paraphe des pieces, pouvoit être fait dans fix minutes. On a affecté d'y employer trois jours; & dans ce long intervalle il étoit
facile aux Gens-d'affaires de M. le Maréchal, dont
l'un eft Greffier du Châtelet, de pratiquer toutes les
manœuvres qu'ils avoient méditées: ce qui donne la
clef des deux lignes, l'une montante, l'autre defcen-
dante, que l'on prétend avoir été compaffées dans
la lettre arguée de faux & celle de comparaifon. Guillaume & fes adjoints en ont tiré la conféquence, que
celle de comparaifon a été le modele fur lequel on a
calqué celle infcrite de faux. L'induction inverfe eft
plus vraifemblable. Il n'étoit pas difficile aux Gens-
d'affaires de M. le Maréchal, qui fe rendoient maî-
tres du Greffe & des pieces, de mefurer les diftances
de deux lignes, & de contre-tirer eux-mêmes fur la
véritable lettre, qu'ils fuppofent fauffe, celle qu'ils
ont prife pour piece de comparaifon; ce qui ache-

veroit de convaincre que s'il y a du faux , c'eft à l'hôtel de Richelieu qu'on fait le faire.

On a prévu cette objection, que la Suppliante n'a ceffé de réitérer dans fes interrogatoires. Pour lui enlever ce moyen, on s'eft porté aux dernieres extrémités , en fubornant publiquement des témoins décriés , auxquels on a fait dire qu'ils ont vu la Suppliante calquer, non pas les douze billets ni les trente-fept lettres , mais d'autres écritures qu'on ne connoît pas. Cet indigne ftratagême a été conduit de la maniere la plus fcandaleufe.

M. le Maréchal a fait par fon crédit accorder au fils de fon Sénéchal de Richelieu la recette du Grenier-à-fel de Châtellerault. Ce Receveur a pour Commis & Contrôleur un fieur Guefvre , qui pendant un mois a fait plufieurs voyages en pofte de Châtellerault à Poitiers , afin de concerter avec le fieur Auvray la façon d'endoctriner des Témoins , & leur faire réciter la dépofition des Experts , dont on leur envoya copie.

La Demoifelle Auvray , fille intriguante , qui avoit fes entrées libres au Couvent de Sainte-Catherine , dont elle connoît toutes les Penfionnaires , a été l'efpion de fon pere, pour fonder & féduire celles qui feroient bien intentionnées à fervir M. le Maréchal. Elle n'eut pas de peine à perfuader à la Prieure, efprit crédule, que l'intention de ce Seigneur étoit de faire rebâtir fon Couvent, & de le tirer de la pauvreté, en le faifant participer au bénéfice des Lotteries de Paris. Enivrée de ces promeffes, elle a indiqué les Penfionnaires de fa Maifon, que la Suppliante n'avoit pas voulu fréquenter, & qui, offenfées de fon mépris, lui ont voué une haine implacable.

La fille Auvray réchauffa leur reffentiment; & l'or conçoit que des femmes qui n'ont plus que la liberté de la parole, en favent faire un ufage immodéré.

La fille Auvray s'étant bien acquittée de la commiffion de fon pere, on fit affigner les Témoins préparés.

Le premier, la **Dame** de la Martiniere, originaire de Saintes, cloîtrée à Sainte-Catherine pour prévenir les fuites d'une conduite, qu'on ne veut pas qualifier, & dont les Magiftrats feront inftruits par les reproches fournis à la confrontation.

La deuxieme, la Dame de la Godiniere, femme d'un Avocat de Thouars, auffi détenue à Sainterine, par Ordonnance du Lieutenant-Criminel, pour les caufes auffi expliquées à la confrontation.

La troifieme, Gabrielle-Rofe Metayer, eft une Sœur Touriere de Sainte-Catherine, fe qualifiant de Penfionnaire.

La quatrieme une mendiante, Renée Genoux, veuve Puiffay, qui n'a jamais entré dans l'appartement de la Suppliante, & fuppofe, contre vérité, qu'elle faifoit fes commiffions : ce font au contraire celles de la Dame de la Godiniere.

On y a joint quatorze témoins, qui n'ont dépofé que des faits étrangers à la plainte, des vifites faites par le fieur de Vedel à la Suppliante, des lettres qu'ils s'écrivoient, des dettes que la Suppliante avoit contra&Aelig;tées, & qu'elle a payées avec l'argent qu'elle a adreffé au fieur Maziere , Médecin, dont on ne tire d'autre indu&Aelig;ion que celle qu'il regnoit entr'elle & le fieur de Vedel une liaifon intime ; ce qui n'a rien de commun avec l'infcription de faux des 12 billets, & 19 lettres de M. le Maréchal.

La fille du fieur Auvray dépofe , que lorfque la Suppliante étoit à Poitiers , elle alloit paffer avec elle des journées entieres. Quoiqu'inftruite par fon pere , elle n'a ofé avancer qu'elle l'ait vue calquer des billets & des écritures fur la vitre ; ç'eût été trop marquer la fource d'où defcendoit cette impofture : mais elle a voulu donner une idée approchante, en fuppofant qu'elle avoit apporté au fieur Nerbonneau, Mar-chand , une lettre que la Suppliante lui avoit écrite fous le nom de la Prieure , pour avoir crédit d'une robe ; qu'elle a vu le Marchand venir demander à la Prieure fi la lettre étoit de fa main ; que la Prieure ayant reconnu que c'étoit celle de la Suppliante , elle Demoifelle Auvray en fut au défefpoir , fachant que contrefaire des lettres étoit *un cas pendable* ; que fon pere la tranquillifa , en lui difant de n'en point parler.

Le fieur Nerbonneau convient de la lettre , & dit ne l'avoir plus en fa poffeffion ; mais repréfente le prétendu billet d'une Demoifelle des Sables qui a été fait tout exprès pour le joindre à l'information , fans qu'on ait ofé faire paroître la Demoifelle des Sables , ni vérifier fon écriture : ainfi le prétendu délit que la fille Auvray annonce comme *un cas pen-*

dable, n'exifte pas ; & la Prieure , à qui l'on fuppofe que Nerbonneau a été préfenter la lettre écrite fous fon nom, & qui l'a défavouée, n'en dit pas un mot; au contraire elle affirme , que *toute la connoiffance qu'elle a des faits*, eft que la Dame de Saint-Vincent eft entrée dans fa maifon en Mai 1771 ; qu'elle en eft fortie en Mars 1773 ; que fes penfions ont été payées : il eft donc évident que la lettre imaginée par la Demoifelle Auvray & Narbonneau eft une fable concertée qui n'a pas la moindre relation au procès.

La Dame de la Martiniere plus hardie , jugeant des autres par elle-même , a fait une maligne critique des vifites du fieur de Vedel, dont il ne s'agit pas; elle ajoute que Madame de Saint-Vincent, pour frayer à des dépenfes confidérables , a fuppofé *très-fouvent* des lettres de M. le Maréchal de Richelieu & du fieur de Vedel, & qu'*elle contrefaifoit l'écriture de ces deux perfonns.* (On lui a fait appercevoir qu'elle alloit trop loin, que fa leçon n'étoit pas de dépofer de la contrefaction de l'écriture du fieur de Vedel ; qu'on n'avoit befoin que de celle des lettres de M. le Maréchal : elle s'eft démentie fans pudeur). « *Et fe reprenant, qu'elle ne lui a pas vu contrefaire l'é-* » *criture de M. de Vedel, mais que feulement elle lui* » *a vu contrefaire celle de M. le Maréchal,* pour s'en » fervir auprès de M. de Vedel , & l'induire en er- » reur; que pour contrefaire l'écriture de M. le Ma- » réchal , elle fe fervoit d'une vitre ; & lorfque les » phrafes de M. le Maréchal ne quadroient pas en » entier au projet de Madame de Saint-Vincent, elle
» prenoit

» prenoit un mot dans une lettre, un autre dans
» une autre, & ajoutoit ainſi une ſuite de diſcours,
» qui pouvoit faire préſumer qu'elle avoit beaucoup
» à attendre des libéralités de M. le Maréchal ; que
» d'ailleurs *l'occupation ordinaire de Madame de Saint-*
» *Vincent étoit d'écrire & de copier à la vitre* ».

A la confrontation, la Dame de la Martiniere
a été reprochée ſur ſes mœurs, & comme ennemie
capitale de la Suppliante. Interpellée de déclarer *en*
quel tems elle l'a vu calquer ſur une vitre, a répondu :
c'étoit dans le tems que vous aviez mal à la jambe. Or
la Suppliante étant alors dans ſon lit dont elle ne pouvoit ſortir, il étoit impoſſible qu'elle fût à ſa fénê-
tre debout, écrivant ſur la vitre dans une poſition
gênée.

Seconde interpellation. *D'où m'avez-vous vu cal-*
quer ? Réponſe. *De deſſus la terraſſe où j'étois.* Cette
terraſſe eſt du côté de la cour, oppoſé à celui des
croiſées de l'appartement qu'occupoit la Suppliante,
& il ſeroit impoſſible de l'avoir vu écrire ſur la
vitre.

Troiſieme interpellation. *Combien de fois avez-vous*
vu calquer l'écriture de M. le Maréchal ? Réponſe. *Tous*
les jours.

On lui a repréſenté l'écriture de M. le Maréchal.
A déclaré qu'elle ne la reconnoît point, & ne ſait de qui
elle eſt. Comment a-t-elle donc pu dépoſer qu'elle a
vu calquer une écriture qu'elle ne connoît pas ? Et
comment l'a-t-elle vu *tous les jours*, puiſqu'elle n'en
troit jamais dans l'appartement de la Suppliante, &

H

qu'elle est réduite à supposer son épionage du dessus d'une terrasse éloignée?

La Dame de la Godiniere, aussi bon sujet que la précédente, a répété que la Suppliante, « pour mieux » persuader le sieur de Vedel, & l'engager à la venir » voir, contrefaisoit des lettres de M. le Maréchal, » en les appliquant contre une vitre, *en mettant à* » *l'envers* un papier sur lequel elle copioit ce qu'elle » vouloit ; & lorsqu'une phrase entiere de M. le Ma- » réchal ne convenoit pas au projet de Madame de » Saint-Vincent, elle prenoit un mot dans un en- » droit & un mot dans un autre ; de sorte qu'elle com- » posoit une suite de discours relatif à ce qu'elle vou- » loit faire ; elle faisoit espérer au sieur de Vedel » qu'elle lui feroit obtenir *un brevet de Lieutenant-* » *Général des Armées*, pour le retenir plus long-tems » dans ses filets ; qu'elle lui faisoit voir des lettres de » M. le Maréchal qu'elle avoit contrefaites à la vitre ; » qu'elle lui a entendu dire *plusieurs fois*, qu'elle vou- » loit tâcher de tirer une somme d'argent de M. le » Maréchal, pour passer dans les pays étrangers ».

A la confrontation, la Dame de la Godiniere, a été reprochée sur ses mœurs & son inimitié connue contre la Suppliante. La Martiniere l'ayant instruite qu'elle avoit été embarrassée de la représentation d'une lettre dont elle n'avoit pas reconnu l'écriture, & qui étoit celle de M. le M..., la Godiniere a déclaré qu'elle la reconnoissoit.

La mémoire de la veuve Puissay n'étant pas ca- pable de retenir toutes les impostures des deux fem-

mes, pourſuivies extraordinairement par leurs ma-
ris, la leçon a été plus courte : on lui a fait dire
« qu'un jour étant dans l'appartement de Madame
» de Saint-Vincent, elle la vit qui écrivoit à une fe-
» nêtre *au travers d'une vitre ; qu'elle ignore ce qu'elle*
» *vouloit faire de cette écriture tranſcrite au travers de*
» *la vitre.* Elle n'a point été confrontée. L'abſurdité
d'écrire au *travers d'une vitre*, a ſans doute convaincu
les Gens d'affaires de M. le Maréchal, que ce ſeroit
une dépenſe inutile de récoler & confronter un témoin qui avoit ſi gauchement joué le rôle qu'on lui
avoit diſtribué.

La dépoſition de Roſe Metayer, Tourriere, eſt
ſemblable à la précédente : elle ſuppoſe qu'un jour
étant entrée dans l'appartement de Madame de Saint-
Vincent, pour l'avertir qu'on la demandoit au parloir, elle la vit occupée à ſa fenêtre à tranſcrire *au*
travers d'une vitre, quelque choſe qui étoit ſur un
morceau de papier *appliqué à l'envers.*

Elle a ajouté que la femme de chambre de la Suppliante étoit accouchée des œuvres d'un ſoldat.

A la confrontation, interpellée de déclarer ce
qu'elle vouloit dire par *tranſcrire au travers d'une vitre,*
ſur un papier appliqué à l'envers : a répondu *en pleu-*
rant qu'elle n'en ſçavoit rien, & ne l'avoit pas dit ; que
c'eſt le juge de Poitiers qui avoit arrangé tout cela à ſa
fantaiſie, ainſi que l'hiſtoire de l'enfant de Marion,
Femme-de-Chambre.

Il eſt de toute évidence que ces fauſſes dépoſitions venoient de Paris ; que le grand Expert Guil-

H ij

laume , qui avoit imaginé l'art de calquer ſur la vitre , en avoit fait raiſonner Paillaſſon & Potier , & incité les Gens d'affaires de M. le Maréchal , à chercher dans le Royaume quelques témoins , qui , pour bonne récompenſe , dépoſaſſent *de viſu*. Ce n'eſt peut-être qu'à ce deſſein qu'ils ont fait faire des informations à Millau , où ils n'ont trouvé de complaiſant qu'un prétendu Baron de Roquetaillade , qui s'eſt rétraĉté à la confrontation. Il étoit plus facile à Poitiers , lieu du paſſage de M. le Maréchal , de le ſervir au goût de ſes Gens d'affaires.

Le ſieur Auvray , fidelle Agent de M. le Maréchal , envoie ſa fille au Couvent de Sainte-Catherine , où ſont détenues des femmes capables de tout. La ſéduĉtion préparée , on leur fait apprendre par cœur les leçons qu'elles devoient réciter. Tout Paris ſçavoit ce qu'elles devoient dire avant même que l'information de Poitiers fût commencée ; & M. le Maréchal en avoit copie un mois avant qu'elle fût arrivée au Châtelet , Marion en faiſoit retentir les places publiques.

Mais 1°. qu'elle apparence que des femmes du calibre de celles qu'on a fait entendre , ennemies , jalouſes peut-être , & certainement déclarées , qui n'entroient jamais dans l'appartement de la Suppliante , aient vu *très-ſouvent & tous les jours* , qu'elle contrefaiſoit au travers de la vitre , ſur un papier à l'envers , (ce qui eſt impoſſible) l'écriture de M. le Maréchal qu'elle ne connoiſſent pas ; que c'étoit *ſon occupation ordinaire* ; & qu'elle leur a dit *pluſieurs fois* (ne leur parlant jamais) qu'elle vouloit tirer de l'argent de lui. Si la Suppliante avoit eu cette intention, en auroit-elle fait confidence à des femmes qu'elle ne fréquentoit pas, & dont elle connoiſſoit l'indiſcrétion, pour ne rien dire de plus ?

2°. Dans quel tems fixe-t-on l'exercice de la Suppliante à contrefaire des écritures ; c'eſt trois ou quatre ans avant l'époque des billets argués de faux. Ce ſeroit à Paris qu'on devroit en trouver les témoins ; le Commiſſaire Chenon & le Lieutenant-Criminel en ont queſtionné plus de ſoixante, & quoique M. le Maréchal commande preſque à tous, il n'en eſt pas un ſeul qui ait dépoſé avoir vu calquer les billets & les lettres, ni que la Suppliante fût dans cette habitude. Elle ignoroit juſqu'au nom de ce genre de faux ; elle n'en a entendu parler que depuis que Guillaume en a fait dépoſer à ſes deux ſubalternes.

3°. L'uniformité des dépoſitions des témoins de Poitiers avec celle des Experts, fait ſentir le goût du terroir qui les a produites ; & ſi l'on parvient à prouver, comme on l'eſpere, la ſubornation de ces témoins, que reſtera-t-il à M. le Maréchal ?

On n'a rien épargné pour la confrontation. Le fils du Sénéchal de Richelieu envoyoit ſon Commis Gueſvres, ſouvent deux fois par ſemaine, de Châtellerault à Poitiers ; le 10 Décembre, jour convenu entre lui & le ſieur Auvray, pour le départ des Martiniere, Godiniere & Métayer ! ils arrêterent & paierent leurs places au Carroſſe de

Poitiers, & furent les chercher au Couvent, les con-
duifirent à l'hôtellerie des trois Pilliers, où Guefures
fe renferma avec elles, & le lendemain les accom-
pagna jufqu'à Châtellerault, où le fils du Sénéchal
de Richelieu leur fit accueil.

Le fieur Auvray, fa femme & fes deux filles, par-
tirent quelques jours après, & tous furent adreffés
au Directeur du Bureau de la rue Contr'efcarpe,
qui avoit ordre, de la part de M. le Maréchal, de
les conduire à un hôtel garni : fes Gens d'affaires
indiquerent celui de Château-Vieux, rue Saint-
André-des-Arts ; & c'eft M. le Maréchal qui paie
leur logement & leur dépenfe; le fieur Clermont fon
Secrétaire leur rend de fréquentes vifites pour les
fortifier dans leur réfolution.

Le hafard a fait arriver au même hôtel un homme
de qualité de la connoiffance de la Suppliante ; il
ignoroit que les témoins féduits fuffent logés à fes
côtés. Les Efpions de M. le Maréchal en ayant conçu
de l'inquiétude, M. le Maréchal le dénonça au Tribunal de MM. les Maréchaux de France. Auffi-tôt il
reçut, par un Archer de la Connétablie, ordre d'y
venir rendre compte de fa conduite.

Il s'y eft préfenté, fans avoir pu deviner le motif
d'un pareil *veniat*. Quel a été fon étonnement, lorfqu'il a appris qu'il étoit entouré, dans fon hôtel,
des Efpions, des Témoins de M. le Maréchal, & que
fes Secrétaires & Intendans y venoient faire leur
ronde ? Il a protefté qu'il laiffoit à la Juftice le foin
de juftifier l'innocence & de punir les vrais coupa-

bles. Ce nouveau genre de perfécution a mis la Suppliante fur la voie de découvrir les féductions continuelles des témoins de Poitiers.

MOYENS.

Nullités de la premiere procédure.

C'eſt un monſtre dans l'ordre judiciaire qu'une procédure criminelle fans plainte ni dénonciation en la forme preſcrite par l'Ordonnance de 1670, fans Miniſtere-Public, fans information ni décret, & fans Juge connu & compétent. Une fimple lettre miſſive, écrite par M. le Maréchal au Lieutenant de Police, a privé la Suppliante & le fieur Benavent de leur liberté; ils ont été arrachés de leurs domiciles & conduits à la Baſtille.

En vain M. le Maréchal voudroit-il excuſer cette violence fur le pouvoir que le Commiſſaire Chenon a prétendu lui avoir été adreſſé, qu'il qualifie tantôt· d'Ordonnance du Lieutenant de Police, tantôt d'Ordre du Roi. La Suppliante eſt pénétrée du plus profond reſpeĉt pour l'Autorité fuprême, à laquelle elle fe foumettra toujours; mais on ne lui a notifié aucune Lettre de cachet, ni Ordre quelconque de Sa Majeſté, & elle eſt aſſurée, par les Ordonnances du Royaume, qui font la véritable volonté du Souverain, qu'il ne fe charge jamais d'intenter ni d'inſtruire des procès civils, & encore moins des procédures criminelles entre fes Sujets. Il confie l'adminiſtration de la Juſtice aux Magiſtrats qui le repréſentent, & ne ſe réſerve que la faveur des graces.

La Suppliante ignore encore aujourd'hui de quelle autorité le Commiſſaire Chenon s'eſt introduit dans ſon appartement, & l'a fait inſulter par la populace dont il étoit eſcorté; les uns la pouſſoient inſolemment, les autres la renvoyoient aux premiers. Le Commiſſaire, témoin de ce ſcandale, y applaudiſſoit en ne l'arrêtant pas; lui-même ſe donnoit la licence de parler à la Suppliante d'un ton impérieux & menaçant. Ayant mis ſes ſcellés ſur les armoires au linge de la Suppliante & de ſa femme-de-chambre, la repréſentation qu'elles lui firent de leur en laiſſer pour changer, leur attira des réponſes outrageantes.

Il conduiſit la Suppliante à la Baſtille, ſans lui ſignifier les ordres du Lieutenant de Police, dont il a fait mention dans ſes procédures (1), ni celui de Sa Majeſté, qu'il a, par d'autres procès-verbaux, allégué que le Lieutenant de Police lui avoit adreſſé.

L'unique piece en vertu de laquelle il eſt conſtaté que la Suppliante a été arrêtée & conduite en priſon, eſt la lettre miſſive que M. le Maréchal écrivit le 12 Juillet au Lieutenant de Police. Me Chenon la remit à Guillaume & Liverloz (1) pour en vérifier l'écri-

---

(1) Procès-verbal du 25 Juillet de levée des ſcellés ſur les papiers de Benevent. Information des 25, 26 & 29 Juillet.

(2) Procès-verbaux des 29 & 30 Juillet.

ture

ture & fignature avec l'un des billets argués de faux, & le Lieutenant-Criminel a repréfenté la même lettre aux interrogatoires de la Suppliante ; c'eft le feul pouvoir qu'elle connoiffe avoir été donné à M.e Chenon.

Si le Lieutenant de Police a rendu une Ordonnance qui, fur cette lettre, autorife le Commiffaire à faire une defcente tumultueufe chez la Suppliante, à mettre des fcellés fur fes meubles, fes robes & fon linge, à fouiller dans fes poches, enlever fes papiers, entendre des témoins, faire fubir des interrogatoires, emprifonner fans plainte ni décret, nommer des Experts, vérifier des écritures, il eft manifefte que toute cette procédure eft nulle, & l'incompétence du Lieutenant de Police notoire. Les Edits de Mars 1667 & Octobre 1699, en réglant fes fonctions, lui interdifent la connoiffance des matieres criminelles.

Tout Officier commis par un Juge incompétent n'a pas le droit d'exécuter tout ce que fon commettant n'a pas le droit d'ordonner ; M.e Chenon qui favoit très-bien ou devoit favoir, que le fieur Lieutenant de Police n'a pas la connoiffance des infcriptions de faux, des appofitions de fcellés, & des affaires contentieufes de Particulier à Particulier, devoit donc s'abftenir de toutes les perfécutions qu'il a fait effuyer à la Suppliante ; il n'en feroit pas excufable, quand il repréfenteroit une Ordonnance de celui qui n'avoit pas plus de caractere que lui-même. Il ne refte

I

conféquemment que fes voies de fait, dont il doit répondre perfonnellement.

En fuppofant qu'il y eût un Ordre du Roi (qui fe borne ordinairement à mettre en lieu de fûreté les perfonnes foupçonnées de quelque entreprife contre le Gouvernement), Mᵉ Chenonn'oferoit avancer que cet Ordre lui prefcrivoit d'infulter la Suppliante, de fceller fes meubles, d'enlever fes papiers, de faire une inftruction de faux par information, interrogatoires & nomination d'Experts; & s'il s'en eft attribué le pouvoir pour complaire à M. le Maréchal, il mérite d'être puni avec févérité.

Un Corps de Magiftrature repréfentoit en 1770, « que ceux qui furprennent des Ordres rigou-» reux pour des confidérations perfonnelles, ne » doivent pas échapper à l'action légitime des » opprimés; qu'on réfervoit les Lettres de cachet, » dans l'origine, pour les affaires d'Etat, qu'en-» fuite on les a données en quelques circonftances » intéreffantes, comme celles où le Souverain eft » touché des larmes d'une famille qui craint le dés-» honneur ».

Les anciennes & nouvelles Ordonnances fe réuniffent pour défendre d'y avoir égard, lorfqu'elles font le fruit de la furprife de ceux qui ne les obtiennent que pour fatisfaire leurs paffions, ou s'ériger un Tribunal domeftique; elles avertiffent les Magiftrats qu'il eft de leur fidélité & de leur devoir de rendre à tous les Sujets du Roi la juftice qu'ils attendent de l'équité & de la fageffe de fon Gouvernement (1).

« De l'Ordonnance de Juin 1316, (dit un an-
» cien Auteur (2) eft tirée la maxime reçue, *qu'en*
» *fait de juftice on n'a regard à lettres miffives* ».

Celle de 1344 défend aux Juges *d'obéir aux lettres contraires à la juftice.*

Charles V, furnommé le Sage, reftreignit (3) l'ufage des lettres clofes à ces deux circonftances : 1°. *où elles feroient très-hatives touchant la perfonne du Roi :* 2°. à l'adminiftration des Domaines de la Couronne, & ordonna *qu'autrement on n'y obéiroit pas.*

Les art. 111 de celle d'Orléans & 281 de Blois, *enjoignent aux Juges de procéder, comme en crime de rapt, contre ceux qui, abufant de la faveur du Prince, ont, par importunité, ou plutôt fubrepticement obtenu des Lettres de cachet, & clofes, en vertu defquelles ils ont fait enlever & féqueftrer des filles.*

L'art. 3 de l'Edit de 1639 (4) s'exprime ainfi : *Enjoignons très-expreffément à nos Procureurs-Généraux, & à leurs Subftituts, de faire toutes les pourfuites néceffaires contre les raviffeurs & leurs complices,* NON-OBSTANT QU'IL N'Y EUT PLAINTE DE PARTIE

---

(1) Novelles 113 & 225, L. 10, *Cod. de facro fanct. Eccl.*
Capitulaires de Clotaire I, de 560, & de Charles-le-Chauve, de 844, dans Baluze, tom. 1, col. 7, & tom. 2, col. 6.

(2) Du Tillet, Recueil des Ordonnances, part. 1, pag. 416.

(3) Ordonnances de 1358, 1359, 1378.

(4) Du 26 Novembre.

CIVILE , *& de punir les coupables de peine de mort , & confifcation de biens.*

Par l'art. 6 de l'Ordonn. de 1356 (1), Charles V avoit promis aux Etats affemblés à Paris , *qu'il feroit faire bonne juftice , & n'accorderoit pardon , ne rémiffion de raviffement ou efforcement de femmes , mefmement de religion , mariées , ou filles.*

L'Auteur des matieres criminelles obferve (2) que « les Ordonnances de nos Rois ne font pas de dif- » tinction entre le rapt de violence qui fe commet » de force , & le rapt de féduction qui fe fait du con- » fentement de la perfonne ravie , *mais toujours mal-* » *gré fes parens* , appellé *raptus in parentes* ; le rapt , » proprement dit *eft l'enlévemeut d'une femme* , ou » fille que l'on féqueftre pour en abufer , ou pour » l'époufer , *malgré fes parens* ».

A ces traits , M. le Maréchal de Richelieu doit fe reconnoître ; il a enlevé la Suppliante des Couvens de Millau & de Tarbes , malgré l'oppofition & les cris perçans de fon mari , de fon pere & de fa famille ; il a faifi le moment où les Magiftrats difperfés n'a-voient plus le glaive en main pour punir cet attentat ; il a cherché à le couvrir d'un voile , en fe faifant remettre autant de Lettres de cachet qu'il en a defiré. Maître de puifer les fecondes , où il s'étoit muni des premieres , il lui en falloit pour attenter au droit des gens , à la liberté publique , arracher de violence les effets , titres & papiers qui l'accufoient & pouvoient

____

(1) Neron , tome I , page 5.
(2) Premiere Partie , ch. 2 , dift. 7 , page 48.

le confondre ; il lui en falloit pour jetter dans les fers tous ceux qui dépofoient contre lui ; il lui en falloit pour intervertir l'ordre public des Jurifdictions, & s'en faire une à fon gré.

Les Ordonnances de 1316 & 1344 ne font pas les feules qui défendent d'obéir aux Lettres clofes *contraires à la Juflice*. L'art. 81 de celle de Moulins en contient une difpofition formelle. *Défendons auffi, fuivant lefdites Ordonnances, à tous nos Juges d'avoir aucun égard aux Lettres clofes qui auront été ou feront ci-après expédiées, & à eux envoyées* POUR LE FAIT DE LA JUSTICE.

M. Pardoux Duprat a noté fur cet article (1), « qu'il y a deux fortes de Lettres du Prince, les pa- » tentes & les clofes ; que *pour le fait de la Juflice* les » Lettres doivent être abfolument patentes, & l'on » ne doit en cela *avoir aucun égard aux Lettres* » *clofes* ».

Mᵉ Chenon ne prétend pas fans doute qu'en fa qualité de Commiffaire, il eft au-deffus de ces Loix fondamentales du Royaume, & qu'il doit avoir le privilege de les violer, lorfqu'il plaît à M. le Maréchal d'en écrire au Lieutenant de Police, ou à tout autre.

L'emprifonnement de la Suppliante fans décret, fans délit conftaté, avant aucune plainte, eft donc un attentat à toutes les Loix du Royaume, à la liberté publique & aux regles ordinaires de la Juflice.

---

(1) Dans Neron, tome I, page 488.

C'EST UNE maxime enfeignée par les Auteurs, confacrée par les Arrêts, que l'incompétence notoire & abfolue en matiere criminelle, annulle la plainte, l'information, le décret, les interrogatoires, & toute la procédure, même volontaire, faite avec l'Accufé avant la demande en renvoi ; c'eft ce que la Cour a difertement jugé par Arrêt * du 11 Juin 1706.

* Rapporté par Augeard, tom. 1, chap. 72.

M. Berthemet, Maître des Requêtes, avoit rendu au Lieutenant-Criminel du Châtelet une plainte en faux principal contre les fieurs Gillot, la Chapelle, Bidault & fon Clerc, tous les quatre domiciliés à Laval. L'information fut faite par le Commiffaire Pojet, à Laval & à Evron : les deux premiers Accufés fûrent décrétés de prife-de-corps ; les deux autres d'ajournement. Gillot fut conftitué prifonnier, fubit interrogatoire, & ne déclina point la Jurifdiction ; la Chapelle, contumax, interjetta appel comme de Juge incompétent. Le Procureur du Roi de Laval revendiqua l'affaire. Un premier Arrêt ordonna que toute Audience feroit déniée à la Chapelle, & que la Caufe fur l'incompétence feroit jugée avec le Procureur du Roi. Un fecond Arrêt renvoya l'inftruction à Laval fans donner atteinte à la procédure.

La Chapelle s'étant mis en état, la Caufe fut plaidée fur fa demande en nullité. On lui oppofoit que les articles premier & 4 du titre 1 de l'Ordonnance de 1670, portent que le renvoi doit être requis. Il répondoit que c'étoit dans le cas où le Juge qui avoit informé pouvoit croire qu'il étoit compétent ; mais que lorſque l'incompétence eſt notoire, on devoit ſuivre la diſpoſition de l'article premier du titre 6 de l'Ordonnance de 1667, qui, parlant en général de toutes les matieres civiles & criminelles, défend à tous Juges Royaux, Eccléſiaſtiques & des Seigneurs, de retenir aucune Cauſe, Inſtance ou Procès, dont la connoiſſance ne leur appartient pas; leur enjoint de renvoyer les Parties pardevant les Juges qui doivent en connoître, ou d'ordonner qu'elles ſe pourvoiront, *à peine de nullité des Jugemens*; &, en cas de contravention, *pourront être intimés & pris à Partie.*

M. l'Avocat-Général Le Nain ayant fait valoir ces moyens, l'Arrêt déclara toute la procédure du Châtelet nulle, renvoya les Accuſés devant le Juge de Laval.

Dans l'eſpece préſente il y a plus qu'une incompétence notoire; c'eſt une procédure militaire ſans Juge, ſur une ſimple lettre de M. de Richelieu. Mᶜ Chenon, ſans être commis par aucune Ordonnance de Juſtice, & ſon fils, qu'il a délégué ſans pouvoir, ſe tranſportent par voie de fait, avec des gens armés, dans les appartemens de la Suppliante, de Benavent & de l'Aumônier du Couvent de la Miſéricorde, fouillent dans leurs poches, leurs armoires & ſecrétaires, mettent ſous des ſcellés les papiers, lettres, billets & autres effets qui ſe préſentent à leurs regards, même une caſſette renfermant les titres & papiers appartenans aux Duc & Ducheſſe de Mellefort. Mᶜ Chenon pere, ſans plainte, information, décret ni Ordonnance, fait ſubir des interrogatoires, traîne les premieres victimes de M. le Maréchal à la Baſtille, réitere les interrogatoires, entend onze témoins du nombre deſquels étoient le ſieur de Vedel & la veuve Leroy, Guillaume & Liverloz prétendus Experts-Ecrivains. Si cette inquiſition eſt tolérée en France, que devient la liberté des Sujets du Roi ?

Le Commiſſaire Chenon, en ſe prêtant à des vexations ſi odieuſes, & en les aggravant par ſes inſultes & celles de ſes vils aſſiſtans, a manqué aux devoirs de ſon miniſtere, aux égards dus à la naiſſance de la Suppliante, à la dignité de ſon mari, aux Corps entiers de la Nobleſſe & de la Magiſtrature, & à la Nation : il ne peut s'en laver par les ordres qu'il ſuppoſe avoir reçus du Lieutenant de Police, dont il n'ignore pas l'incompétence en matiere criminelle.

Il ne s'autoriſera pas non plus des ordres du Roi qui n'ont jamais paru, ne ſont point annexés à ſa procédure, & ne peuvent l'avoir commis pour contrevenir à toutes les Loix, les Ordonnances & les Arrêts ; il lui auroit fallu des Lettres-patentes duement enregiſtrées : mais le Roi ne les lui eût jamais accordées, & le Parlement ne pouvoit les enregiſtrer contre les textes formels des Ordonnances, la liberté des Citoyens, & l'ordre public des Juriſdictions. L'incompétence eſt donc manifeſte.

QUAND le Commiſſaire Chenon auroit reçu une plainte en forme, il ne lui étoit pas permis de faire une deſcente chez des perſonnes domiciliées, & de les mettre à l'inquiſition ſans une Ordonnance du

Lieutenant-

Lieutenant-Criminel : l'Arrêt de réglement du 9 Juillet 1712 *, « défend aux Commissaires au Châ- » telet de se transporter dans les maisons des Particu- » liers pour y dresser des procès-verbaux, y recevoir » des dépositions & déclarations, sans leur réquisition » ou Ordonnance de Justice, si ce n'est dans le cas de » flagrant délit ».

Le Commissaire Chenon & son fils ont supposé qu'ils s'étoient transportés chez la Suppliante, l'Abbé Froment & le sieur Benavent, sur les ordres qui leur étoient envoyés par le Sieur Lieutenant de Police, aussi incompétent qu'eux, ne s'agissant d'aucun fait qui dépende de sa jurisdiction. Ils ne pouvoient faire leur transport sans en être requis, & sans une Ordonnance des Juges naturels.

DEUX autres Arrêts de réglement, l'un du 7 Janvier 1701 *, l'autre du 11 Mai 1711 **, font également défenses aux Commissaires au Châtelet « de » faire aucun emprisonnement qu'en vertu de décret » donné sur le vu des charges & informations, & les » conclusions du Ministere-Public, si ce n'est dans les » cas portés par l'Ordonnance », qui font le flagrant délit, la clameur publique, contre les vagabonds, ou pour duel, ou crime de domestique, suivant les articles 8, 9 du titre 10 ; article 14 du titre 14 : alors l'article 3 du titre 3, & l'article 2 du titre 4, leur enjoignent de les remettre au Greffe dans vingt-quatre heures.

* Journal des Audiences.

Quatrieme nullité.
* Cité aux notes de Denizard, tome 1, page 443.
** Transcrit par Lacombe, mat. crim. pag. 857.

K

*Cinquieme
nullité.*

L'Ordonnance ne parle point de l'appofition des fcellés, qui ne fe fait fur les effets d'une perfonne vivante, qu'en cas d'abfence ou faillite, & fur la réquifition des Parties intéreffées. Le même article 2 du titre 4 porte feulement «que les procès-verbaux » feront remis au Greffe dans les vingt-quatre heures, » *enfemble les armes, meubles & hardes qui pourront fer-* » *vir à la preuve, & feront enfuite partie du procès* ».

Jouffe obferve, fur cet article, «que l'Ordonnance » ne faifant mention que des meubles & hardes qui » peuvent fervir à la preuve du crime, *les Officiers* » *& Miniftres de Juftice doivent être réprimandés lorf-* » *qu'ils dépouillent un Accufé des meubles & effets à lui* » *appartenans, qui ne peuvent fervir en aucune màniere* » *à cette preuve* ».

L'Auteur ajoute « qu'on peut auffi requérir le » Juge d'appofer les fcellés fur les meubles & papiers » de l'Accufé, fi on croit y trouver quelque chofe » pour fervir à conviction ».

Mais cette précaution que l'ufage feul a introduite, ne doit pas dégénérer en perfécution; & c'eft le reproche que ne mérite que trop le Commiffaire Chenon. Sans droit, fans réquifitoire, fans Ordonnance, il fait main-baffe fur tous les papiers de ceux qui ne font ni accufés, ni prévenus de crimes; il leur enleve à main armée la défenfe naturelle, leurs faits juftificatifs; & pour les empêcher de crier au fecours, il étouffe leur voix, les charge de chaînes & les plonge dans la nuit des prifons. S'il avoit dans l'intention le

prétendu faux des billets de M. le Maréchal, il ne devoit, aux termes de l'Ordonnance, faifir que les papiers qui pouvoient fervir à la conviction de ce corps
de délit, fans emporter plus de 800 pieces, dont
on n'a eu befoin que pour faire injure à la Suppliante.

LE COMMISSAIRE CHENON s'eft donné la licence
de nommer deux Experts Ecrivains *, de les charger
de l'un des billets de M. le Maréchal, & de quelques
écritures privées dont il a fait choix pour pieces de
comparaifon ; il en a dreffé des procès-verbaux de
remife & de rapport, & vraifemblablement il a entendu Guillaume & Liverloz en témoignage. Mais
depuis quand un Commiffaire au Châtelet a-t-il le
privilege de fabriquer, au coin de fon foyer, des procédures de cette importance ? Eft-ce à lui que les
Ordonnances de 1670 & 1737, ont confié l'inftruction entiere des infcriptions de faux ? Elles ne con-
tiennent pas un feul article qui ne foit propre à fou-
droyer cette maffe d'irrégularités. Il feroit trop long
de les citer les unes après les autres, & d'en faire
connoître la contravention directe.

Sixieme nullité.
*Guillaume
pour la Baftille,
& Paillaffon
pour le Châte-
let, furent choi-
fis de la même
maniere en
1765 & 1766.
V. 3.e Mém. p. 17.*

NULLITÉS de la feconde Procédure vexatoire.

LES GENS-D'AFFAIRES de M. le Maréchal n'a-
voient commandé la premiere que comme un déta-
chement qui va à la découverte de l'ennemi à deffein de lui couper les vivres & le paffage.

Les déclarations faites de l'ordre du Lieutenant de Police, chez le Commissaire Chenon, & quatre interrogatoires qu'il avoit fait subir, leur apprirent que les sieurs de Vedel, Dubois, Ruby, Abbé de Villeneuve, de Transe, Froment, la veuve Dubois, & même le sieur Sube, Contrôleur de la maison de M. le Maréchal, étoient capables de confondre l'accusation de faux ; il leur a paru essentiel de les écarter en changeant leur qualité de témoins en celle d'accusés : quelle heureuse ressource ! Mais la Justice est-elle faite pour s'en contenter ?

Premiere nul-lité. LES GENS-D'AFFAIRES de M. le Maréchal ayant à discrétion la puissance de ceux qui épousoient sa querelle, ont fait ouvrir les portes de la Bastille. La Suppliante en est sortie pour être conduite par les valets de la Police, en son appartement du Couvent de la Miséricorde, où elle a été tenue en chartre privée depuis la fin de Juillet jusqu'au 16 Août, sous la garde du nommé Dijon. Le procès-verbal du même jour en fait foi.

A l'égard de Benavent, il fut conduit de la Bastille dans la prison du Châtelet, où il est resté le même espace de tems, sans être décrété.

L'article 10 du titre 2 de l'Ordonnance de 1670, défend aux Prévôts, & conséquemment à tous ceux qui arrêtent quelqu'un, *d'en faire chartre privée dans les maisons, ni ailleurs.* Jousse observe que la Loi 2, au Code *de privatis carceribus,* parle de ce crime comme d'une entreprise sur l'autorité du Souverain,

& veut que les coupables foient punis du dernier fupplice.

Bornier, fur le même article, cite quatre Arrêts de réglement « qui défendent de faire chartre pri- » vée des Accufés, ni de les détenir prifonniers dans » les maifons des Prévôts ou de leurs Archers, *fur* » *peine de la vie* ». Et qu'on ne dife pas encore que cette chartre privée n'a été faite que de l'ordre du Roi ; c'eft offenfer la Majefté & la bonté fouveraine, de couvrir de fon augufte nom les paffions & les in- juftices des Courtifans qui abufent de leur crédit & de leur dignité.

Ce qu'il y a de plus certain, c'eft que la Suppliante & Benavent n'étoient pas accufés par une plainte ré- guliere, & il n'y avoit aucune information judiciaire ni décret, lorfqu'ils ont été détenus tant à la Baftille qu'en chartre privée : c'eft un attentat à la liberté pu- blique, que les Loix & les Réglemens veulent qui foit puni de mort.

LES GENS-D'AFFAIRES de M. le Maréchal, effrayés des preuves qu'ils avoient formées eux-mêmes en fa- veur de la Suppliante, par les interrogatoires & les dépofitions des témoins de la premiere vexation, n'ont marché qu'en tremblant en commençant la fe- conde. La plainte que Marion à rendue le 17 Juillet n'eft point qualifiée de *faux principal*, elle ne dénom- me ni la Suppliante, ni Benavent, ni autres ; elle eft dirigée vaguement contre les auteurs, fauteurs, &

Seconde nullité.

adhérens de la fabrication des billets, se réservant de se pourvoir contre qui il appartiendra.

A qui cette plainte est-elle adressée ? Au même Commissaire Chenon qui leur avoit donné tant de preuves de sa partialité, devenu plus incompétent qu'il ne l'étoit lors des voies de fait qu'il avoit commises les 25 & 26 Juillet.

La fureur de ce Commissaire est si marquée, qu'après avoir reçu la plainte du 27, qu'il a dû, suivant l'Ordonnance, porter au Châtelet dans les vingt-quatre heures, il n'a pas discontinué sa procédure extrajudiciaire de la Bastille. Le 28, lendemain de la plainte, il y a fait subir un nouvel interrogatoire à la Suppliante. Le 29, il a entendu pour témoins, Etienne Vezon & François Robert ; le même jour il a dressé procès-verbal des pieces par lui remises à Guillaume & Liverloz. Le lendemain 30, autre procès-verbal du rapport de ces pieces : il travailloit ainsi des deux mains à son propre tribunal, & à celui du Châtelet.

L'article 24 du tit. 15 de l'Ordonnance veut que « s'il est ordonné que les témoins seront ouïs une » seconde fois, ou le Procès fait de nouveau, à cause » de quelque nullité dans la procédure, le Juge qui » l'aura commise soit condamné d'en faire les frais, » & aux dommages-intérêts de toutes les Parties ». Ce qui est conforme aux articles 142 & suivans de l'Ordonnance du mois d'Août 1539, & à la Jurisprudence des Arrêts, qui renvoient toujours la nouvelle instruction pardevant un autre Juge que celui qui a fait la premiere.

Or, la première procédure de Me Chenon étant groffiérement nulle, il étoit incapable de faire la feconde, que l'Ordonnance veut qui foit à fes frais & dépens. Il devoit fe récufer lui-même, & renvoyer les Parties pardevant les Juges à qui la connoiffance en appartenoit, ou ordonner que M. le Maréchal fe pourvoiroit devant un autre Commiffaire, fuivant l'article premier du tit. 6 de l'Ordonnance de 1667, que l'Arrêt du 11 Juin a jugé s'appliquer aux matieres criminelles, lorfque l'incompétence eft notoire.

L'article 6 du tit. 24 de la même Ordonnance de 1667, porte que « le Juge pourra être récufé, s'il » a donné confeil, *ou connu auparavant du différend,* » *comme Juge ou Arbitre* ; s'il a follicité ou recom- » mandé, ou s'il a ouvert fon avis ». L'aticle 18 or-donne que « tout Juge qui faura caufes valables de » récufation en fa perfonne, fera tenu, fans attendre » qu'elles foient propofées, d'en faire fa déclara- » tion ».

La Déclaration du Roi du 23 Septembre 1678 porte que « fi en jugeant les récufations des Prévôts, » on trouve qu'ils aient contrevenu à l'Ordonnance, » pour avoir inftrumenté hors leur reffort, ou *fait* » *Chartre privée*, les Accufés feront renvoyés au Pré- » fidial du lieu du délit, fans que le Prévôt récufé » en puiffe connoître ».

La permiffion d'informer ayant été accordée par l'Ordonnance du 5 Août, c'eft encore le Commif-   *Troifieme nullité.*

faire Chenon qui a fait l'information des 8 & 9 du
même mois. Il y a répété quatre des Témoins dont
il avoit déja pris la déposition, qui sont Orion, Blondeau, Vezon & Robert. C'est un principe de l'Ordonnance, article 14 du titre 6, que les dépositions nulles par défaut de formalités, ne peuvent être réité-
rées, que lorsqu'il a été ainsi ordonné par le Juge. Un
Arrêt du 19 Décembre 1713, cité par Jousse sur cet
article, a décidé qu'un Témoin ne peut être entendu
deux fois en déposition *sur le même fait & devant le
même Juge*, *& que la seconde déposition est nulle.*

Quatrieme nullité. PAR un contraste bien étrange, le sieur de Vedel
& la veuve Leroy, qui avoient également fait leur
déclaration chez ce Commissaire, où le Lieutenant
de Police les avoit envoyés, n'ont point été assignés
pour déposer dans l'information sur la lecture de la
plainte. On les a réservés pour les rendre Accusés,
afin que leur témoignage ne fît pas foi contre M. le
Maréchal; & par une autre bizarrerie inconcevable,
l'Abbé Froment, qui d'abord fut mis au nombre des
Accusés, a été entendu comme Témoin, & ensuite
repris pour complice du faux.

Le motif de cette variation paroît impénétrable.
Le voici : l'Abbé Froment traité en criminel par l'in-
cursion du Commissaire & d'une troupe soldatesque
dans son appartement, par la recherche, le scellé &
l'enlevement de ses papiers, traîné scandaleusement
chez Me Chenon, interrogé, demanda son renvoi
devant l'Official. Me Chenon, troublé de ce moyen

de

de droit qui lui enlevoit fa proie ; radoucit fon ton impérieux en douceur fimulée ; il rendit les papiers de l'Abbé Froment, en déclarant qu'il n'en trouvoit aucuns de fufpeƈs, & refufa de donner aƈe du renvoi qui lui étoit requis, en affurant l'Abbé Froment qu'on ne l'inquiéteroit plus.

Les Gens-d'affaires de M. le Maréchal vinrent à l'appui, infinuerent adroitement que l'Abbé feroit protégé, que fa fortune dépendoit de fon langage. Sa réponfe qu'il n'étoit pas capable de manquer à la vérité, fut regardée comme une promeffe de la trahir. Ils concerterent entr'eux de le faire entendre en qualité de témoin.

Sa dépofition étant conforme à fon interrogatoire, on s'apperçut que les flatteries ne pouvoient le corrompre, & que fa fermeté à dépofer ce qu'il avoit vu de fes yeux, entendu de fes oreilles, frappoit un rude coup. Ils ne trouverent d'autre expédient pour écarter un témoin fi redoutable, que de le faire rentrer dans le Procès dont ils l'avoient forti. M. le Maréchal conclut * à ce qu'il fût décrété. Il ne l'a été que d'affigné pour être ouï par un ménagement affeƈé. Ce Décret fignifié avec affignation pour fubir interrogatoire, l'Abbé Froment fe préfenta, & requit pour la feconde fois d'être rendu au Juge d'Eglife. Le Lieutenant-Criminel s'arrêta court, fans vouloir donner aƈe de la demande en renvoi ; & pour fe rendre maître de l'inftruƈion, & la faire au gré de M. le Maréchal, il difpenfa l'Abbé Froment de l'interrogatoire.

* Par fa feconde Requête du 14 Août.

L

M. le Maréchal a depuis fait différentes vifites à l'Archevêché, pour forcer l'Abbé Froment à renoncer au privilege Eccléfiaftique. La Suppliante ignore fi ce nouveau genre de defpotifme a été accueilli ou refufé ; l'induction qu'elle en tire eft la nullité d'une procédure auffi bigaré.

L'Ordonnance de 1667, art. 2, tit. 18, veut que celui qui a choifi l'action civile ou criminelle, ne puiffe fe fervir de l'autre, fi ce n'eft qu'en prononçant fur l'extraordinaire on lui réferve l'action civile. Les articles premier & fecond du tit. 20 de celle de 1670, laiffent à la prudence des Juges d'ordonner qu'un Procès commencé par la voie civile, foit pourfuivi extraordinairement, s'ils connoiffent qu'il peut y avoir lieu à quelque peine corporelle. Les Arrêts du 7 Avril 1664 *, du 2 Août 1706 **, & du 23 Février 1743, plaidans Mes Duvaudier & Simon, déclarent nulles les procédures criminelles cumulées avec les civiles.

Il en doit être de même de ceux qui dépofent comme témoins ; c'eft à leur égard une action civile, qui ne peut être convertie en extraordinaire que dans le cas où le Juge *l'ordonne, & qu'il peut y avoir lieu à peine corporelle* contre ce témoin. Ce qui s'applique, tant à l'Abbé Froment, qu'au fieur de Vedel & veuve Leroy, dont le Commiffaire Chenon avoit reçu le témoignage.

C'eft une indignité de mettre des entraves à la juftification de la Suppliante, d'attaquer criminellement les témoins qui dépofent à fa décharge. Les

Gens-d'affaires de M. le Maréchal ont fuivi ce funefte projet, en faifant décréter de prife-de-corps Bena-vent, Ruby, Dubois, les Abbés de Villeneuve & de Trans, & d'ajournement perfonnel, le fieur Sube; par la feule raifon qu'ils avoient vérifié la fignature de M. le Maréchal, par toutes les voies de prudence qui pouvoient en conftater la vérité. Si c'eft par ces détours pernicieux qu'on peut parvenir à opprimer des innocens, il n'eft plus de juftice en France, il faut fuir dans les déferts.

M. LE Maréchal n'ayant rendu fes trois plaintes des 37 Juillet, 14 & 20 Août 1774, que contre les douze billets, elles ne pouvoient avoir pour objet les lettres dépofées poftérieurement par le Procureur de la Suppliante, les 2 & 3 Septembre; & quoique ce dépôt ait été forcé, on doit le regarder comme une production de la Suppliante, & conféquemment M. le Maréchal ne pouvoit fe pourvoir contre celles de ces lettres qui lui déplaifoient, que par la voie du faux incident. L'article premier du fecond titre de l'Ordonnance de 1737, le décide en ces termes : *La pourfuite du faux incident aura lieu, lorfqu'une des Parties ayant communiqué ou produit quelque pièce que ce puiffe être dans le cours de la procédure, l'autre Partie prétendra que ladite pièce eft fauffe ou falfifiée.*

L'article 3 prefcrivoit à M. le Maréchal « de pré- » fenter une Requête tendante à s'infcrire en faux » contre les lettres par lui indiquées, & à ce que la » Suppliante fût tenue de déclarer fi elle entendoit

Cinquieme nul-lité.

L ij

» s'en fervir. Cette Requête devoit être fignée de
» M. le Maréchal ou de fon fondé de procuration,
» *à peine de nullité* ».

Suivant les articles 4, 8 & 9, il devoit configner
60 liv. attacher à fa Requête la quittance d'amende,
& la faire vifer dans l'Ordonnance de permiffion de
s'infcrire en faux, faire fommation à la Suppliante,
dans trois jours après l'Ordonnance, de déclarer fi
elle vouloit fe fervir des lettres, donner copie du tout
à fon Procureur, *à peine de nullité.*

Dans pareil délai de trois jours, il étoit libre à la
Suppliante, aux termes de l'article 11, de déclarer
qu'elle entendoit ou n'entendoit pas fe fervir des lettres; & faute de cette déclaration, M. le Maréchal
devoit fe pourvoir à l'Audience pour les faire rejetter, fauf à lui d'en tirer telles inductions qu'il avi-
feroit, & à conclure en des dommages-intérêts.

Ce n'eft qu'après la déclaration de la Suppliante,
qu'elle entendoit fe fervir des lettres, que l'article 14
lui enjoignoit de les dépofer au Greffe dans vingt-
quatre heures, finon M. le Maréchal devoit encore
aller à l'Audience demander le rejet de la piece, ou
qu'il lui fût permis de la faire remettre au Greffe à
fes frais.

L'article 15 lui impofoit la néceffité de mettre dans
les vingt-quatre heures du dépôt des lettres, fon infcription de faux au Greffe; & ce n'eft qu'après le
rejet de la piece ordonné, que l'art. 19 lui permettoit
de prendre la voie du faux principal.

L'article 25 lui enjoignoit d'appeller la Suppliante

par acte signifié au domicile de son Procureur, & de la sommer de comparoître dans vingt-quatre heures au procès-verbal de description des lettres arguées de faux, de l'interpeller de les parapher, *à peine de nullité* ; & trois jours après ce procès-verbal, il étoit obligé par l'article 27 de mettre ses moyens de faux au Greffe, sinon il demeuroit déchu de son inscription.

Si ses moyens de faux étoient jugés pertinens & admissibles, ils devoient, conformément à l'article 31, être *marqués expressément* dans la Sentence qui lui auroit permis d'en informer. Le Lieutenant-Criminel n'étoit pas en droit d'en décider seul par une simple Ordonnance.

Les articles 34 & 35 prescrivoient également d'appeller la Suppliante au procès-verbal des pieces de comparaison, *à peine de nullité*. Elle avoit la faculté d'en convenir ou de les contester.

L'article 44 ne permet d'admettre pour piece de comparaison, que le corps d'écriture du Défendeur, tant en faux principal qu'incident, & non pas celui du Demandeur.

Aucunes de ces solemnités n'ayant été observées par M. le Maréchal, son inscription de faux contre les dix-neuf lettres est une procédure sauvage, qu'il n'a précipitée que parce qu'il étoit sûr de ceux qu'il avoit choisis pour en être les artisans. La Suppliante est pleine de confiance qu'elle sera déclarée nulle, & que ses lettres lui seront rendues.

*Sixieme nul-
lité.*

DE 27 témoins dont l'information des 8 & 9 Août eft compofée, vingt-un n'avoient dépofé que du négoce des billets, ce qui n'eft pas un crime ; fix autres certifioient la vérification de la fignature.

En réuniffant le récolement du premier à fa dépofition, Me Guefpreau, Notaire, attefte qu'étant allé avec Me Guinot, Avocat, chez le fieur Marion, Intendant de M. le Maréchal, la vérification de la fignature & de l'écriture des lettres fut faite fur d'autres repréfentées par Marion, en préfence du fieur Henry, Infpecteur de Police, *& qu'elles parurent très reffemblantes.*

Robert, fixieme témoin, convient que le fieur Sube, Contrôleur de M. le Maréchal, ayant vérifié le billet qui lui fut préfenté, avoua qu'*il en croyoit la fignature véritable.*

Veron, Banquier, feptieme témoin, attefte également que le fieur Sube, après avoir vu le billet, dit qu'*il étoit bien de M. le Maréchal.*

Dufour, dix-huitieme témoin, a vu plufieurs lettres portant le cachet de M. le Maréchal, l'une defquelles s'exprimoit ainfi : « Je vous envoie, ma chere » coufine, votre billet figné, & d'eux vous paierez » vos dettes..... L'Abbé de Villeneuve lui dit de » vérifier la fignature chez M. de Boulogne & Me » Dumoulin.... *Le fieur Sube ayant tiré de fa poche* » *de l'écriture de M. le Maréchal, reconnut fa fignature* » *aux billets* ».

D'Alliot, vingt-troifieme témoin, apprend que Ruby avoit été *plus de vingt fois* chez M. le Maré-

chal, pour lui communiquer ſes billets ; *qu'il ne voulut pas le voir ;* que l'Avocat de Ruby avoit été
trouver Marion, Intendant de M. le Maréchal, qui
lui dit *que la ſignature des billets reſſembloit fort à celle
de M. le Maréchal.*

L'Abbé Froment, ving-ſeptieme Témoin, a dépoſé avoir vu le laquais de M. le Maréchal apporter
le paquet qui renfermoit les billets.

Il n'y avoit donc pas l'ombre de preuve de la
fauſſeté des billets, mais preuve contraire que la ſignature en étoit véritable. Cependant le Procureur
du Roi a requis, & le Lieutenant-Criminel a décerné huit Décrets de priſe - de - corps contre une
Dame de la premiere qualité, ſes deux neveux, un
Chevalier de Saint-Louis, Major du Régiment Dauphin, ancien Militaire, homme de condition & de
la probité la plus reconnue, & contre quatre Bourgeois de Paris.

L'article 2 du tit. 10 de l'Ordonnance, ne permet
*de décréter que ſelon la qualité des crimes, des preuves
& des perſonnes.* L'article 19 défend *de décerner priſe-
de-corps contre les domiciliés, ſi ce n'eſt pour crime qui
doive être puni de peine afflictive ou infamante.* La qualité de la Suppliante, & la nature des preuves qui
étoient en ſa faveur, devoient la préſerver de la ri-
gueur d'un Décret de priſe-de-corps & d'un empriſonnement. Jouſſe a remarqué ſur le premier de ces
articles, « que le Juge doit uſer d'une grande cir-
» conſpeẟion, *pour éviter d'être pris à Partie* . . . ;
» qu'il faut plus de preuves à l'égard *d'une perſonne*

» *diſtinguée , ſur-tout ſi c'eſt une femme* , qu'à l'égard
» d'une perſonne vile ».

Quand les vingt-ſept témoins de l'information
l'auroient vue commettre le faux , & qu'elle eût mé-
rité le décret le plus ſévere , quelle fureur de l'éten-
dre ſur ſept perſonnes domiciliées , parce qu'ayant
fait vérifier les ſignatures, ils les ont cru vraies ſur la
foi du Notaire , de l'Intendant & du Contrôleur de
M. le Maréchal ! Mais parce que M. le Maréchal le
vouloit , le Lieutenant-Criminel a décrété de priſe-
de-corps trois hommes de qualité , & quatre Négo-
cians, a permis de les dépouiller , par violence , de
leurs effets & papiers, *le tout à ſes riſques , périls &
fortune.* Ces expreſſions , loin de ſervir de ſauve-
garde au ſieur Bachois, manifeſtent qu'il eſt bien digne de la priſe à Partie , & que toute ſa procédure
eſt vicieuſe , inique & partiale,

Septieme nul-
lité;

L E S anciennes & nouvelles Ordonnances de
1498 , article 107 ; de 1535 , chap. 13 , article 22 ;
de 1539 , article 145 ; de 1670 , titre 9, art. premier,
& titre 24, & l'uſage conſtant de tous les Tribunaux,
exigent que les plaintes , informatious, procès-verbaux, interrogatoires, récolemens & confrontations,
& généralement toutes procédures criminelles ſur
leſquelles doivent intervenir des Jugemens prépara-
toires ou définitifs, ſoient communiqués au Procureur du Roi, pour y donner ſes concluſions, ſpécia-
lement quand il s'agit d'un intérêt important, tel que
celui

celui d'entrer dans des maiſons par force, d'y appoſer des ſcellés, enlever des effets & des papiers.

Le Procureur du Roi du Châtelet n'avoit point requis de pareils aĉtes, contraires à la ſûreté publique ; le Lieutenant-Criminel l'ordonna d'office par le décret du 14 Août ; il permit une nouvelle appoſition de ſcellés ſur les papiers & effets appartenans à la Suppliante, au ſieur Benavent, à l'Abbé de Villeneuve, aux ſieurs de Vedel, Dubois, Ruby, la veuve Leroy.

Après le décret qui permet l'appoſition des ſcellés, le Procureur du Roi donna de ſecondes concluſions, pour requérir le tranſport & les ſcellés déja ordonnés : la preuve en eſt dans ſon réquiſitoire qui, en parlant des papiers & effets de la Dame de Saint-Vincent & Benavent, ajoute *& autres décrétés ſur mes concluſions*. Il y a quelque apparence que ce réquiſitoire eſt poſtérieur de pluſieurs jours à la date du 14 qu'on lui a donnée.

PAR les premieres concluſions du Procureur du Roi, du 14 Août, oubliant les devoirs de ſon miniſtere, il requit *que les pieces jointes à la Requête de M. le Maréchal*, (qui ſont toutes celles de la procédure vexatoire du Commiſſaire Chenon), *fuſſent dépoſées au Greffe, enſemble y être apporté une expédition du procès-verbal d'appoſition & levée des ſcellés appoſés, de l'ordre de Sa Majeſté, ſur les papiers de la Dame de Saint-Vincent & Benavent, pour y être dépoſés & ſervir à l'inſtruĉtion ce que de raiſon.* Le ſieur

Huitieme nullité.

M

Bachois ne manqua pas de déférer à un réquisitoire si étonnant ; il le copia dans son Ordonnance.

Mais depuis quand des procédures nulles, furtives, violentes, manœuvrées par un Commissaire, sans droit, sans caractere, & contre les textes formels des Ordonnances, doivent-elles servir de fondement & de guide à une instruction judiciaire ? Les articles déja cités, 14 du titre 6, 24 du titre 15, & l'article 8 du titre 14, laissoient au devoir & à la religion du Procureur du Roi de requérir, & au Lieutenant-Criminel à faire décider par sa Chambre la nullité absolue de cette premiere procédure, & d'ordonner que la nouvelle seroit faite aux frais & dépens de Chenon.

Que les Gens-d'affaires de M. le Maréchal répondent, s'ils le peuvent, à ce dilemme : ou la premiere procédure de Me Chenon étoit valable, ou elle étoit substantiellement nulle. Au premier cas il étoit inutile d'en faire une autre devant le Lieuteuant-Criminel, & la sienne seroit nulle par le principe vulgaire qu'on ne plaide point en différens Tribunaux entre les mêmes Parties, & pour le même fait, par doubles procédures qui occasionnent diversité de Jugemens. Au second cas, si la procédure de Me Chenon étoit intolérable, nulle, notoirement incompétente, on ne pouvoit la joindre à celle du Châtelet, *pour servir à l'instruction ce que de raison*. La raison au contraire, le bon sens & l'équité convaincront toujours ceux qui savent penser, qu'une procédure nulle est un néant qu'on ne peut trop tôt rejetter pour qu'elle ne vicie pas celle à laquelle on l'a jointe, & lui donner le rare privilege de *servir à l'instruction*.

Ce principe conduit à un autre : si la procédure de Me Chenon est nulle, il étoit incapable de contribuer à une seconde, de recevoir une plainte, d'entendre les mêmes témoins, & d'en augmenter le nombre. Celle du Châtelet est également insoutenable pour en avoir confié l'opération à un Officier suspect, incompétent, plus coupable que tous ceux qu'il a emprisonnés, & chez lesquels il a commis des actions punissables, lesquelles indubitablement n'étoient pas commandées par les ordres qu'il a supposé en avoir reçu.

LES interrogatoires que le Lieutenant - Criminel a fait subir à tous les Accusés, n'ont point été écrits sous sa dictée, par aucun Greffier du Châtelet ; il s'est servi d'un Secrétaire sans titre d'office, auquel il n'a point fait prêter le serment, il l'a qualifié improprement de *Commis-Greffier*, avec l'attention de ne le pas nommer. Jousse * atteste « que les Juges dans leurs » Commissions, ne peuvent se servir pour Greffier » que d'un Commis du Greffe du Siege dont il fait » corps, *à peine de nullité*, ainsi que plusieurs Arrêts » l'ont jugé ».

Si cette maxime est certaine dans les procès civils, à plus forte raison doit-elle s'observer en matiere criminelle ; c'est en effet ce qui a été jugé par deux Arrêts des 28 Mai 1696, & 28 Septembre 1711, cités par Denisart *. Les procédures extraor-

Neuvieme nullité.

* Sur l'art. 19, tit. 21, & art. 25, tit. 22 de l'Ord. de 1667.

* Au mot Gref-
fier, p. 230.

dinaires du Lieutenant de la Maréchauffée de Lyon, & du Juge de Dampierre, ont été déclarées nulles pour avoir oublié de faire prêter ferment au Commis-Greffier, & d'en faire mention.

Un troifieme Arrêt du 31 Décembre 1711, qui eft au Journal des Audiences *, en déclarant nulle une procédure criminelle du Lieutenant de Civray, enjoint d'envoyer au Greffe de Poitiers *les actes de preftation de ferment des Greffiers-Commis* qui ont affifté le Juge lors des informations & interrogatoires.

* Tom. 6, liv. ch. 50, p. 164 bis.

Dixieme nul-lité.

M. LE MARÉCHAL ayant nommé pour Experts les Eleves de Guillaume, leur a fait remettre huit pieces de comparaifon fur lefquelles ils ne pouvoient pas chicaner les lettres & les points fur les *i*; pour y fuppléer, M. le Maréchal a donné une Requête tendante à ce qu'il lui fût permis de tracer un corps de fon écriture. La Suppliante a répondu que ce corps d'écriture pouvant être compofé avec méditation, il devoit le faire en diverfes poftures, avec des plumes taillées en plufieurs manieres, & des encres différentes.

Une Sentence a ordonné que le corps d'écriture feroit fait en préfence du Lieutenant-Criminel, du Procureur du Roi, & des Experts dans les pofitions que Paillaffon & Potier indiqueroient, & *que le Lieutenant-Criminel jugeroit néceffaires.* Cette Sentence ne permet point à la Suppliante, ni aux autres Accufés, ni à leurs Procureurs, d'affifter au procès-vérbal.

Lorfqu'il a été fabriqué, le Lieutenant-Criminel

a fait donner lecture des deux Requêtes aux Experts, afin qu'ils expliquassent les précautions qu'ils croiroient propres à rendre plus authentique le corps d'écriture. Ils ont déclaré (tant ils font habiles) que les différentes encres & postures étoient inutiles, qu'il suffisoit de tailler la plume différemment; & sans nouvelle Ordonnance du Lieutenant-Criminel qui s'étoit réservé la décision de cet incident, M. le Maréchal a écrit comme il a voulu sur une feuille de petit papier, qui a été le tableau de toutes les observations de Guillaume, recopiées par Paillasson & Potier. Les nullités de cette bizarre opération se présentent en foule.

1°. L'article 33 de l'Ordonnance de 1737, ne permet pas au Juge d'ordonner que le Demandeur en faux fera un corps d'écriture, mais seulement « que » l'Accusé sera tenu de le faire tel qu'il lui fera dicté » par les Experts »; & cela, dit Jousse, a lieu principalement lorsqu'il n'y a point de pieces de comparaison, ou qu'elles ne font pas suffisantes. Il est de principe que lorsqu'une Loi ne permet une formalité que dans le cas particulier qu'elle exprime, elle le défend dans tous les autres. L'article 13 de l'Ordonnance de 1737, porte : « Ne pourront être admises » fes pour pieces de comparaison, que celles qui font » authentiques ». L'article 14, « pourront néanmoins » être admises, pour pieces de comparaison, les écritures » tures & signatures qui auroient été reconnues par » l'accusé, *fans qu'en aucun autre cas lesdites écritures* » *& signatures privées puissent être reçues pour pieces de*

» *comparaison*, quand même elles auroient été véri-
» fiées avec l'accusé, fur la dénégation qu'il en auroit
» faite ; *ce qui fera exécuté à peine de nullité* ».

La Suppliante n'ayant point reconnu le corps d'é-
criture privée de M. le Maréchal, c'eft une nullité
radicale de l'avoir admis pour piece de comparaifon.

2°. Il eft clair que la préfence de l'accufé eft néceffaire à la confection du corps d"écriture, puifque
c'eft lui-même qui en doit être l'auteur. L'article 34
ajoute, « qu'il le paraphera, s'il veut, en préfence
» des Experts ; & en cas qu'il le refufe, il en fera fait
» mention, *le tout à peine de nullité* ». Si, contre la regle de l'Ordonnance, on a voulu fubftituer au corps
d'écriture de l'accufé celui qu'il plairoit à l'accufa-
teur de faire , il falloit y obferver les mêmes formalités que prefcrivent ces articles, & ceux du faux
incident, cités fur la cinquieme nullité.

3°. La Suppliante n'eft pas la feule accufée du faux;
les fieurs de Vedel, Benavent, Canron, Sube, en
ont été foupçonnés ; & les autres décrétés, font accufés d'en être complices. Le corps d'écriture devoit
donc être fait avec tous, l'action criminelle étant in-
divifible & folidaire.

4°. On oppoferoit en vain que la Suppliante fem-
ble y avoir acquiefcé par une Requête. Il n'y a point
de fins de non-recevoir contre des accufés, & encore
moins contre la Loi qui réclame toujours & anéan-
tit tout ce qui fe fait contre fa difpofition.

La Suppliante n'avoit confenti que fous des conditions qui n'ayant pas été acceptées & fuivies, ont

rompu le projet du contrat judiciaire qui n'a pas été formé.

5°. Le Lieutenant-Criminel lui-même n'a pas exécuté fa propre Ordonnance par laquelle il s'étoit engagé de juger fi les conditions impofées par la Suppliante étoient néceffaires ; ce n'eft point lui qui en a décidé, ce font les Experts auxquels il n'appartenoit pas de prendre la place de Juge.

6°. Il ne faut que lire les dépofitions de Paillaffon & de Potier, pour fe convaincre qu'ils n'ont été que d'humbles copiftes fous la dictée de leur Maître qui s'eft rendu fameux ainfi que Paillaffon dans une pareille affaire où l'on avoit préludé les mêmes préparatifs. Ce furent alors les mêmes inepties, des points fur les *i*, & de la diffemblance des lettres.

GUILLAUME a fait dire à fes Facteurs que les fignatures & écritures de M. le Maréchal, aux douze billets & dix-neuf lettres, avoient été calquées fur la vitre. Cette dépofition envoyée à Poitiers à des femmes reprochables en mille façons, elles ont été foldées, inftruites & animées pour dépofer qu'elles ont vu la Suppliante s'exercer, en 1771, à tranfcrire fur la vitre des lettres de M. le Maréchal, dont elles n'ont jamais vu ni connu l'écriture : de-là on tire la fauffe conféquence que les douze billets & dix-neuf lettres de 1774, font le fruit d'une étude de trois années. *Onzieme nullité.*

La fubornation des femmes de Poitiers n'eft pas la feule mife en pratique ; Domaing, ancien Secrétaire de M. le Maréchal, ayant vu trois de ſes billets entre les mains de l'Abbé de Villeneuve, avoit reconnu & attefté, en préſence de pluſieurs perſonnes, que c'étoit ſa véritable ſignature. Pour l'écarter, on imagina de l'accuſer lui-même de l'avoir contrefaite ; on a compris qu'on ne pouvoit pas tenir ce poſte : les Gens-d'affaires de M. le Maréchal ſe ſont perſuadés qu'il leur ſeroit plus aiſé de corrompre Domaing. Etant prêt de ſortir de priſon, on l'y a retenu de l'ordre de M. le Maréchal, pour le faire dépoſer en ſa faveur. Une multitude de témoins ont vu la lettre que lui écrivit le ſieur Clermont, Secrétaire de M. le Maréchal, par laquelle il lui marquoit « qu'il ne devoit pas être in-» quiet, s'il ne ſortoit pas du Fort-l'Evêque ; *que s'il* » *vouloit tout dire, on auroit ſoin de lui* ». M. le Maréchal, alarmé de cette lettre, a envoyé la reprendre ; toute la dépenſe faite par Domaing au Fort-l'Evêque, a été exactement payée par M. le Maréchal ; pluſieurs témoins ſavent qu'on a donné de l'argent à ce Particulier ; qu'il en a été offert à d'autres qui s'en ſont offenſés, & qu'on a prié de n'en point parler ; Sube a été congédié & décreté, parce qu'il avoit auſſi reconnu l'écriture de M. le Maréchal. On n'avoit oſé faire entendre, dans la premiere information, Me Dumoulin ſon Notaire, qui l'avoit vérifiée, confrontée, attefté vraie ; à force de le fatiguer, on a exigé de lui qu'il atténuât par des reſtrictions ce qu'il avoit aſſuré trop poſitivement à cinq à ſix témoins ; & lorſqu'on l'a trouvé ébranlé, il a été aſſi-

gné

gné pour figurer dans l'addition d'information : fa dépofition eft combinée, artificieufe. Au lieu d'avouer
franchement qu'en voyant l'un des billets il en avoit
reconnu la fignature, il fe retourne en difant que
trois Particuliers lui avoient demandé s'il connoiffoit
la fignature de M. le Maréchal ; qu'il leur avoit répondu : *Je la connois comme la mienne même* ; & il fuppofe que ce n'eft qu'après cette réponfe qu'on lui
a fait voir le billet ; que l'ayant régardé il leur dit:
Oui, Meffieurs, c'eft la fignature de M. le Maréchal ;
qu'il ajouta (ce qui eft très-faux) *elle eft pourtant un*
peu maigre, mais je crois que c'eft fa fignature ; que
l'ayant confrontée avec celles de fes minutes, il leur
dit (ce qui eft encore très-fuppofé): *Celle-ci eft plus*
nourrie que celle que vous avez ; ce font pourtant les mê-
mes lettres ; je préfume que M. le Maréchal a fait celle-
ci à pied levé avec une plume qui n'étoit pas la fienne ;
je crois cependant que c'eft fa véritable fignature.

Ces raifonnemens entortillés n'ont pas contenté
les Gens d'affaires de M. le Maréchal, ils out redou-
blé leur féduction ; & Me Dumoulin, menacé de perdre la pratique de M. le Maréchal, s'eft enfin déter-
miné à franchir toute retenue dans fon récolement.
Il y déclare *que fur la préfentation des pieces arguées*
de faux, & de celles de comparaifon (qui eft le corps
d'écriture où M. le Maréchal s'eft appliqué à la défi-
gurer), *il reconnoît parfaitement l'écriture & les figna-*
tures de comparaifon, pour être de la main de M. de Ri-
chelieu ; qu'à l'égard des lettres & fignatures arguées de
faux, l'infpection lui fait croire que lefdites écritures

N

*font fauffes , & fauffement fabriquées , M. le Maréchal
écrivant d'une maniere plus ferme & plus nourrie.*

Quelle confiance doit-on avoir dans un homme fi
différent de lui-même ? *Teftes qui adverfus fidem fuam
teftationis vacillant, audiendi non funt. L. 2 , ff. de
Teftib.* Si un Officier public eft affez foible pour
changer trois fois fon langage, que doit-on penfer de
vingt Domeftiques timides dont M. le Maréchal a
groffi fon addition d'information, & auxquels il commande comme à des efclaves ?

Que doit on penfer du prétendu Baron de Roquetaillade, qui, après avoir obéi fervilement & récité
ce qu'on lui a préfcrit de dépofer, n'a pu foutenir le
choc de la confrontation ? Si de telles procédures font
tolérées dans un Etat policé, les hommes les plus vertueux & les plus innocens doivent trembler.

*Douzieme nul-
lité.*

L'ORDONNANCE veut qu'on ne puiffe réitérer les
dépofitions des témoins, que lorfqu'elles font déclarées
nulles , & qu'il eft ordonné qu'ils feront entendus de
nouveau ; elle ne permet d'ajouter ou diminuer qu'au
récolement ; & il eft fans exemple qu'on ait fait dépofer le même témoin deux fois dans la même inftruction ; mais comme les Gens d'affaire de M. le Maréchal
fe font cru tout permis dans les tems où les regles de
la Juftice n'étoient plus obfervées, ils ont fait paroître
le fieur Peixotto, Banquier de M. le Maréchal, dans
la prémiere information ; il en eft le vingt-deuxieme
témoin. Il y dépofe qu'on ne lui a jamais préfenté de
mandat de M. le Maréchal, *qu'aucun des Banquiers avec
lefquels il eft en correfpondance ne lui en a paffé aucun en*

compte ; fe rappelle feulement que la Dame de Saint-Vincent étoit venue chez lui pour lui emprunter de l'argent, *qui eft tout ce qu'il a dit favoir.*

Les Gens d'affaires de M. le Maréchal n'étant pas fatisfaits d'une dépofition auffi indifférente, ils l'ont contraint d'en faire une autre ; il eft le vingt-troifieme témoin de l'addition, dans laquelle ils lui ont fait dire, que depuis que la Dame de Saint-Vincent étoit venue lui demander de l'argent à emprunter, *il fe rappelle que le fieur Julien, Banquier, lui dit qu'on lui avoit préfenté un mandat de cent mille écus, accepté du dépofant ; qu'il reconnut que la fignature du dépofant étoit fauffe* ; mais que le fieur Julien par difcrétion ne voulut pas lui dire par qui ce mandat étoit tiré. Au furplus fe réfere à fa dépofition dans la premiere information.

La contradiction eft évidente. Dans la premiere dépofition, *aucun Banquier ne lui a parlé de mandat* : dans la feconde, *le fieur Julien, Banquier, lui a parlé de celui de cent mille écus, & lui a dit qu'il avoit reconnu que la fignature de lui Peixotto étoit fauffe.* Oublie-t-on de pareils faits ? Mandat de cent mille écus ! fauffeté de la fignature ! Si la premiere dépofition eft vraie, la feconde eft fauffe & fuggérée. L'Ordonnance, tit. 15, art. 21, défend d'avoir aucun égard aux déclarations faites par les témoins depuis l'information, les déclare nulles, veut qu'elles foient rejettées du procès ; & le témoin qui l'a faite & la Partie qui l'aura produite condamnés chacun en 400 liv. d'amende, & autre plus grande peine s'il y écheoit. L'Arrêt du

19 Décembre 1713 * prononce la nullité de cette feconde dépofition.

L'INSTRUCTION d'un procès criminel ne doit avoir pour objet que la preuve du titre d'accufation expliqué par la plainte. Jouffe, fur l'article 10 du titre 6 obferve *qu'on doit avoir attention de retrancher les circonftances étrangeres au délit.* La raifon en eft fenfible : la plainte eft en matiere criminelle ce qu'eft la demande en action civile ; l'une & l'autre doivent être libellées ; il n'eft pas permis de juger *ultra petita* ; ce feroit un moyen de Requête civile : les Arrêts ont perpétuellement déclaré nulles les procédures extraordinaires dans lefquelles on mélange de prétendus crimes, des particularités, des calomnies, des injures qui ne font pas déférées à la Juftice dans les formes prefcrites par les Ordonnances. Or les Gens d'affaires de M. le Maréchal, le Commiffaire Chenon & le Lieutenant-Criminel, qui s'étoient livrés à leurs paffions, & confpiroient à l'envi à raffafier la Suppliante d'opprobres, ont furchargé le procès de mille fatras inutiles, & de queftions injurieufes & indécentes.

Premiérement, la lettre que l'on fuppofe que la Suppliante a écrite fous le nom de la Prieure de Sainte Catherine au fieur Nerbonneau, & dont les témoins fubornés de Poitiers ont parlé, n'exifte pas. Nerbonneau n'a pu la repréfenter ; il a feulement joint à fa dépofition un billet de la Demoifelle des Sables, de la date duquel cette fille étoit maitreffe.

M. le Maréchal n'a point compris cette anecdote fabuleufe dans fes plaintes ; c'eût été à la Supérieure, dont on suppose que l'écriture a été contrefaite, à s'inscrire en faux.

La Demoiselle Auvray, fille de l'Agent de M. le Maréchal, qui en docte Jurisconsulte a décidé *le cas pendable*, par sa déposition affirme qu'elle avoit vu au parloir le sieur Nerbonneau & la Prieure. *Elle s'imagina qu'il étoit question de la fausse lettre*; mais la Supérieure n'a parlé dans sa déposition ni de la lettre ni de la conversation du sieur Nerbonneau; & celui-ci déclare ne s'en être entretenu qu'avec la Demoi-selle des Sables, à laquelle il croit avoir remis la lettre. On n'a pas osé faire entendre la Demoiselle des Sables. Vous êtes donc un faux témoin, Made-moiselle Auvray, & c'est réellement ce cas-là *qui est périlleux.*

Dans une inscription de faux, il n'y a que trois sortes de pieces qui doivent être jointes pour servir à l'instruction: 1°. celles auxquelles on fait le procès; 4°. celles de conviction, qui constatent que l'accusé est le fabricateur; 3°. celles de comparaison, qui prouvent qu'elles sont différentes des premieres. Sans la réunion de ces trois points, l'accusé n'est pas ré-puté le faussaire, quand même il se serviroit des pieces. Toute la peine qu'il peut encourir, est d'être condamné aux dommages-intérêts & aux dépens.

Secondement, on ne s'est pas borné à informer & interroger sur la prétendue lettre écrite à Nerbon-neau, qui étoit un hors-d'œuvre du Procès; on s'est livré à la discussion de plus de huit cent pieces, qui n'y ont pas plus de relation. Me Chenon, à la tête de

BIBLIOTHEQUE ROYALE

I

vingt hommes armés, en a fait de nuit & de jour l'enlévement furtif en dix maifons. Ces pieces qui confiftent la plupart en lettres miffives de M. le Maréchal, du fieur de Vedel, de la Suppliante & autres perfonnes, ont été curieufement examinées, & malignement interprétées par Mᵉ Chenon & le Lieutenant-Criminel : & quoiqu'elles ne foient, ni arguées de faux, ni pieces de conviction, ni pieces de comparaifon ; que néanmoins quelques-unes peuvent fervir aux faits juftificatifs de la Suppliante ; que les articles 41 & 42 de l'Ordonnance de 1737, lui permettent de les repréfenter lors de fes interrogatoires & à la confrontation ; que les articles 46, 47, 50 & 51 l'autorifent à demander qu'elles foient reçues pour nouvelles pieces de comparaifon, Mᵉ Chenon & le Lieutenant-Criminel lui ont interdit cette défenfe, & ne fe font fervis des autres pieces inutiles, que pour faire à la Suppliante les infultes les plus graves, l'interroger fur des faits qui n'ont rien de commun avec ceux du Procès. Ces lettres & celles du fieur de Vedel ont enfanté plus de quinze cent rôles d'interpellations infultantes ; & l'inhumanité a été fi extrême, que l'un des interrogatoires de neuf mortelles heures n'a fini que par l'évanouiffement de la Suppliante.

Les Payens étoient plus honnêtes & plus juftes. Loin d'abufer des lettres de leurs ennemis, de les enlever par force, ils les leur renvoyoient généreufement, quand elles tomboient entre leurs mains. Bouchel * en donne ce bel exemple : « Les Athéniens

* Aux mots *lettres interceptées*, pag. 530.

» ayant arrêté les Couriers de Philippes , qui leur fai-
» foit la guerre , lui renvoyerent les lettres que fa
» femme Olympias lui écrivoit, *toutes clofes & ca-*
» *chetées comme elles étoient quand ils les prirent* ».

Le même Auteur cite Jafon , qui, fur la Loi *Non dubium, cod. de Legib. num.* 53 , décide que celui qui décachete des lettres étrangeres mérite punition : *aperiens litteras alienas pœnâ puniendus* ; & les autres Docteurs qui tiennent que ceux qui ouvrent des lettres qui ne leur font pas adreffées , commettent le crime de faux , *aperiens & defigillans litteras alienas committit crimen falfi.*

C'eft, difoit Ciceron * , manquer aux devoirs de l'humanité & de la fociété civile., que de furprendre & d'abufer des lettres qui nous font écrites en confidence & par amitié. Si par effufion de cœur, jeu d'efprit ou vivacité de ftyle , on fe permet des expreffions libres , *quæ prolata fi fint, inepta videantur :* on ne peut, fans une trahifon lâche & honteufe , les rendre publiques , fous quelques prétextes que ce foit , *neque tamen ullo modo divulganda.*

La Jurifprudence Françoife s'eft toujours conformée à des maximes fi falutaires au repos public. Un Arrêt du 22 Décembre 1593 * , décréta, fur les conclufions de M. le Procureur - Général, Michel Cotté , Lieutenant au Bailliage de Dunois, *pour avoir intercepté une lettre fur laquelle il vouloit faire faire le procès à Antoine Touaut.*

M. Dufail cite trois autres Arrêts de fon Parlement ; l'un du 5 Mars 1574, qui condamna Bonabry à l'amende , pour avoir intercepté les lettres de Perrein fa Partie ; un fecond du 11 Juillet 1602 , qui décréta de prife-de-corps un Solliciteur qui avoit intercepté les lettres écrites à un Procureur ; le troifieme de 1638 , contre René Manchien , qui avoit ouvert & fupprimé un paquet que la Dame d'Epinars lui avoit confié , pour remettre à d'Outremer. Il fut ordonné que fon Procès lui feroit fait & parfait par le Lieutenant-Criminel de Rennes.

Un autre du 6 Mars 1645 , rendu contre les Officiers du Grenier-à-fel de la Fleche , eft ainfi intitulé au Journal des Audiences : « Arrêt notable *pour la* » *reftitution des lettres miffives familiérement écrites &* » *perfidement baillées* ». Il ordonne qu'une lettre de Me Lemazier, Avocat, que ces Officiers s'étoient fait remettre, & dont ils demandoient que les termes injurieux fuffent rayés, feroit par eux rendue. Ils furent condamnés en 4 liv. d'aumône, avec défenfes de récidiver fous plus grande peine.

Le Commiffaire Chenon & le Lieutenant-Criminel font infiniment plus répréhenfibles. Ce n'eft pas une feule lettre adroitement interceptée, dont ils ont abufé pour faire un Procès monftrueux, fans plainte ni permiffion d'informer ; c'eft une quantité prodigieufe de lettres enlevées de force & à mains armées en dix maifons différentes, à deffein prémédité de déshonnorer & de vexer cruellement la Suppliante. Elle a le bonheur d'avoir à préfent des Juges intègres ; elle leur tend les bras pour fe mettre fous leur

fauve-garde ,

sauve-garde, & leur demander justice & vengeance de toutes les horreurs dont jusqu'à présent elle a été la victime.

CE CONSIDÉRÉ, NOSSEIGNEURS, il vous plaise recevoir la Suppliante Appellante, en adhérant à son premier appel, tant comme de Juge incompétent qu'autrement, des incursions faites par le Commissaire Chenon accompagné de soldats & gens armés, dans son appartement du Couvent de la Miséricorde, de l'apposition de scellés & enlévement furtif de ses papiers, interrogatoires, emprisonnemens de sa personne, & de toute la procédure vexatoire par lui faite, depuis & compris le 25 jusqu'au 30 Juillet 1774, & autres si aucunes sont, en vertu de la lettre missive M'écrite par. le Maréchal de Richelieu, le 12 du même mois de Juillet, au Sr Lieutenant de Police ; tenir l'appel pour bien relevé ; y faisant droit mettre l'appellation & ce dont est appel au néant ; émendant, déclarer ladite procédure faite par Me Chenon seul & par son fils, comme *le subs-tituant*, les appositions de scellés, enlévemens de papiers, interrogatoires & emprisonnemens, nuls, notoirement incompétens, tortionnaires, vexatoires & déraisonnables ; ordonner que les lettres & papiers violemment enlevés, & qui ne servent & ne peuvent servir à l'instruction du prétendu faux de M. le Maréchal de Richelieu, seront rendus & restitués à la Suppliante par le Commissaire Chenon & tous Greffiers & dépositaires, à quoi faire ils seront contraints par corps, quoi faisant déchargés, sauf à Mᵉ Chenon à se pourvoir contre ceux auxquels il les a remis ; permettre à la Suppliante de prendre ledit Chenon à Partie, & de l'assigner en réparation, intérêts civils, dépens, & pour lui être fait défenses de récidiver sous peine corporelle ; sauf à M. le Procureur-Général à prendre pour la sûreté & la vindicte publique les conclusions que sa prudence lui suggérera, & à la Suppliante à former telles autres demandes qu'elle avisera.

La recevoir pareillement Appellante en adhérant à son premier appel, de toutes les procédures faites par le sieur Bachois, Lieutenant-Criminel, & ledit Chenon, Commissaire, des nouveaux scellés, addition de plainte & d'information faites tant au Châtelet de Paris qu'à Millau & Poitiers, interrogatoires, récolemens & confrontations ; tenir le présent appel pour bien relevé ; faisant droit sur lesdits appels, mettre les appellations & ce dont est appel au néant ; émendant déclarer toutes lesdites procédures nulles, tortionnaires, vexatoires & déraisonnables ; ordonner que la Suppliante sera mise en liberté, son écrou rayé & biffé sur les regîtres des Prisons du Grand-Châtelet, à la laisser sortir tous Greffiers, Concierges & Guichetiers contraints par corps, quoi faisant ils en seront bien & valablement déchargés.

Ordonner que les billets, titres, papiers & effets sur lesquels Mᵉ Chenon a apposé de nouveaux scellés en vertu de l'Ordonnance du Lieutenant-Criminel du 14 Août, & qui ont été déposés au Greffe du Châtelet, ensemble trente-sept lettres missives, que l'on prétend avoir été dépofées par le Procureur de la Suppliante, fans approuver celle que M. le Maréchal a choifie pour piece de comparaifon, feront rendues & reftituées à la Suppliante, à quoi faire tous Greffiers & dépofitaires feront contraints, même par corps, quoi faifant déchargés.

Permettre également à la Suppliante de prendre à Partie, tant le fieur Bachois, Lieutenant-Criminel, que le Commiffaire Chenon, qui, malgré fon incompétence & les vexations de la premiere procédure, ne s'eft point déporté de la connoiffance de la feconde; pour l'un & l'autre répondre aux conclufions qui feront prifes contr'eux par la Suppliante.

Lui donner acte de ce qu'elle dénonce à M. le Procureur-Général, conformément à l'article 3 de l'Edit du 26 Novembre 1639, le rapt de féduction & de violence commis en fa perfonne, par M. le Maréchal Duc de Richelieu, malgré les vives plaintes de fon mari, de fon pere alors vivant, & de toute fa famille, en abufant de fon crédit & de fa facilité à furprendre des Lettres-de-cachet, & profitant du tems que les Magiftrats étoient difperfés & hors d'état d'agir.

Et dès-à-préfent condamner M. le Maréchal de Richelieu aux dépens des procédures, qui feront déclarées nulles, en cent mille écus de dommages & intérêts, par forme de réparation civile; fauf à lui à réitérer & pourfuivre fa plainte en faux principal, fuivant l'Ordonnance & dans les formes régulieres & judiciaires, défenfes réfervées au contraire. Et vous ferez bien. *Signé*, VENCE DE SAINT-VINCENT.

Me LE SENESCHAL, Procureur.

De l'Imprimerie de L. CELLOT, rue Dauphine. 1775.

www.ingramcontent.com/pod-product-compliance
Lightning Source LLC
LaVergne TN
LVHW021740170726
843503LV00004B/1649